도서출판 대장간은
쇠를 달구어 연장을 만들듯이
생각을 다듬어 기독교 가치관을
바르게 세우는 곳입니다.

대장간이란 이름에는
사라져가는 복음의 능력을 되살리고,
낡은 것을 새롭게 풀무질하며, 잘못된 것을
바로 세우겠다는 의지가 담겨져 있습니다.

www.daejanggan.org

세상을 바꾸는 도전

지은이	배덕만
초판발행	2010년 10월 13일
펴낸이	배용하
책임편집	한상미
등록	제364-2008-000013호
펴낸곳	도서출판 대장간
	www.daejanggan.org
	대전광역시 동구 삼성동 285-16
	전화 (042) 673-7424 전송 (042) 623-1424

ISBN 978-89-7071-195-9

이 책은 저작권법에 의해 보호를 받는 출판물입니다.
기록된 형태의 허락 없이는 무단 전재와 복제를 금합니다.

 값 9,000원

세상을 바꾸는 도전

배덕만

차례

1부 나를 바꾸는 도전 • 013

• 부모님은 곧 하늘입니다 • 조용히 살고 싶습니다 • 그리스도인의 여름 나기 • 주의 길을 걸어간 자들 • 할렐루야와 아멘 • 드디어 3월입니다 • 12월의 신비 • 부족한 사람들끼리 위로하며 살아갑니다 • 5월은 사람의 정을 느끼게 합니다 • 반갑다 친구야! • 저는 아직도 한참 멀었나 봅니다 • 경건, 그 길을 가고 싶습니다 • 다가올 선택을 대비하라 • 어떻게 해야 할까요? • 주님의 부활절 보너스 • 하나님이 나를 장악하시면 • 누가 진정한 부자일까요? • 가난이 전해준 축복 • 귀향과 귀천 • 인격적 친밀함, 그것은 정녕 하늘의 축복입니다 • 선종을 향하여! • 사순절을 주님처럼 • 자, 파이팅!!! • 세상을 바꾸는 도전 • 우리의 믿음 • 우리 몸에 주님의 흔적을 소망하며 • 밤에 빛나는 붉은 십자가 • 사람을 통해 배웁니다 • 진정한 스타 • 장마철에 주님을 생각합니다 • 행복한 여정 • 말이냐 삶이냐, 그것이 문제로다! • 한가위만 같았으면 좋겠습니다 • 한 해가 저물어 갑니다 • 어두운 세상에 빛나는 작은 희망의 빛 • 꿈을 꿉시다 • 폭설 속에 맛본 행복 • 사람이 제일입니다 • 감동의 삶 • 파이팅! 아자! 아자! 아자! • 멋진 그리스도인을 보았습니다 • 모든 육체는 풀과 같다. 그래서 귀하다 • 약속은 지키기 위해 있는 것입니다 • 예수님처럼 가르칩시다 • 사람, 사랑 그리고 삶 • 칭찬은 기적을 일으킵니다 • 힘들면 아버지를 부르세요

• 새벽에 드리는 기도가 오묘합니다 • 기도, 그것이 열쇠입니다 • 새벽 이슬같은 청년들 • 느림의 목회를 꿈꾸며 • 꿈이 우리를 청년으로 만듭니다 • 사랑과 정성이 기적을 만듭니다 • 김장하는 날 • 오 해피 밸런타인데이 • 영등포의 슈바이처와 세계 최대의 감리교회 • 아침에 듣는 미가 선지자의 예언 • 주님, 다시 뛰겠습니다 • 종교개혁 기념 주일을 지나며 • 진정한 성결을 꿈꾸며 • 돌아보는 걸음마다 은혜였습니다 • 사순절의 달력을 넘기며 • 당신이 진정한 챔피언입니다 • 신앙의 금메달을 위하여 • 기적과 감사의 한 해를 보내며 • 주님, 감사합니다 • 소의 해에는 소같이 살아야지요 • 단풍의 세상 • 이 가을에 신앙의 웰빙을 소망하며 • 우리가 가야 할 그 길 • 고독 속에 생각하는 공동체의 의미 • 십자가의 역설 • 산상수훈을 묵상하며 • 종려주일 • 부활이 없는 부활절? • 사람이 소중합니다 • 저의 죄와 수치로 말미암아 • 절망을 희망으로 • 믿음은 위기 속에 증명됩니다 • 당신은 진정한 복음 공동체입니다 • 뱀처럼 비둘기처럼 선교합시다 • 감사합니다 • 청소합시다 • 현실과 본질 사이 • 책과 함께 신앙은 성장합니다 • 어른 됨의 부끄러움 • 질문 없이 답을 얻을 순 없습니다 • 과연 기독교는 예수종교인가? • 역시 사람입니다 • 가끔 후회하는 남자, 가끔 만족하는 여자 • 기도 앞에 여름의 더위도 꼬리를 내리고 • 대박 난 만두가게 앞에서 • 소원입니다 • 꿈이 있어 행복합니다

3부 세상을 바꾸는 도전 • 173

• 빌라도와 예수님 • 아기 예수님이 참 좋습니다 • 무지에 근거한 맹신은 두렵습니다 • 어느새 자전거를 타는 딸아이를 보면서 • 오체투지 순례단과 자살하는 연예인들 • 자연재앙과 신자의 지혜 • 밀어닥치는 자연의 대재앙 앞에서 • 이렇게 한 해가 저물어 갑니다 • 성탄절에 듣는 평화의 노래 • 주님, 우리 아이들을 지키소서! • 대통령의 죽음 • 누가? 누가? 누가? • 통(通)이냐 망(亡)이냐, 그것이 문제로다 • 선한 사마리아인 • 실패는 성공의 발판입니다 • 애들아, 미안해 • 고통 속에 임하는 은혜 • 천안함 침몰과 부활절 • 법정 스님의 죽음을 보며 • 진정한 정치, 진정한 리더 • 지방선거를 마친 후 • 월드컵과 제자도 • 세상의 월드컵과 하늘의 월드컵 • 참회와 용서가 세상을 구합니다 • 한번 도전해 봅시다

머리말

목회. 지난 3년간 저의 삶을 온통 지배했던 단어입니다. 목회자가 떠나고 10명의 성도들이 남아 있다는 한 지하교회를 방문했던 것이 3년 전 어느 새벽이었습니다. "여기서 목회 해볼래?"라는 당시 제가 다니던 동대전성결교회 허상봉 목사님의 말씀에, 무언가 거부할 수 없는 힘에 압도되어 "예"라고 대답 했던 것이 제 운명을 바꾸어 놓았습니다. 곧 알게 되었지만, 그 교회에는 아무도 남아 있지 않았습니다. 목회자가 떠난 후 3개월의 공백기간 동안, 남아 있던 성도들 마저 모두 흩어지고, 예배당만 주인 없는 빈 자리를 지키고 있었습니다. 그렇게 텅 빈 교회를 왜 제가 거부하지 못했는지, 왜 그 빈터에 아내와 세 아이들을 데리고 들어갔는지, 지금도 아득한 신비일 뿐입니다. 그 후 3년이 흘렀습니다.

사실, 저는 오랫동안 목회에 대한 정체불명의 두려움과 편견에 젖어 있었습니다. 그래서 도무지 저 같은 사람은 목회를 할 수 없으며, 해서도 안 된다는 생각을 고집했습니다. 비록, 여러 교회에서 학생들과 청년들을 파트타임으로 가르쳤지만, 신학대학에 자리를 잡은 이후, 더 이상 목회는 저와 상관없는 일이라고 단정해 버렸습니다. 목회할 사람 따로 있고, 공부할 사람 따로 있다는 생각. 철학박사학위는 목회가 아닌, 연구와 교육을 위한 학위라는 확신. 대한민국에는 저 외에도 목회할 사람이 얼마든지 있다는 판단. 나는 목회에 전혀 적합하지 않으며, 준비도 안되었다는 고백. 이런 생각들이 범벅이 되어 목회에 대한 저의 고정관

념을 강화시켰고, 목회로부터 저를 멀리 떼어 놓았던 것입니다.

하지만 신학교에서 학생들을 가르치면서 목회에 대한 저의 생각은 조금씩 변하기 시작했습니다. 특히 제가 근무하는 신학교는 작은 교단에 속한 학교이며, 이 학교의 학생들도 늦은 나이에 부름 받은 만학도가 많습니다. 그들 대부분은 졸업과 동시에 교회를 개척하는 경우가 많으며, 지금도 다수가 작은 교회에서 사역하고 있습니다. 이런 상황에서 정작 학생들을 가르치는 제가 목회의 경험이 부재하다는 사실은 심각한 결격사유로 자각되기 시작했습니다. 마치 전쟁의 지휘관을 육성하는 사관학교의 교관이 정작 군대경험이 없다는 사실이 넌센스인 것처럼, 목회자를 양성하는 신학교수가 목회경험이 부재하다는 것은 있을 수 없다는 생각이 들기 시작한 것입니다. 또한, 한국교회의 변화와 갱신을 위해 나름대로 비판적 목소리를 높여 온 저로서, 정작 낮고 작은 곳에서 목회하는 한국교회 대다수 목회자들에 대한 체험적 동질감이 부재하다는 생각도 수치로 다가오기 시작했습니다. 한국교회를 향한 비판의 화살을 무책임하게 난사하는 대신, 이제는 나름대로 비판적 대안을 마련하기 위해 책임 있는 행동이 필요한 때라고 생각하기 시작했습니다. 아마도 이런 저런 복잡한 생각이 서서히, 그러나 점점 가속도가 붙어 저의 가슴을 흔들기 시작할 무렵, 목회의 제안을 받았습니다. 그래서 목회에 대한 근원적 두려움과 거부감이 여전히 깊은 곳에 남아 있지만, 선뜻 거부할 수 없었던 것 같습니다.

돌이켜보니 지난 3년의 개척교회 목회는 그야말로 천당과 지옥을 오르내리는 기막힌 순간들의 연속이었습니다. 화려했던 취임예배 후, 텅 빈 예배당에서 가족과 함께 시작한 주사랑교회 목회는 마치 밀물과 썰물처럼 주기적으로 밀려오는 두려움과 외로움에 지옥의 예고편을 감상하는 듯 했습니다. 하지만 새벽마다 먼 거리를 마다하지 않고 달려와 저의 부부와 함께 새벽예배를 드려준 성도들 때문에, 비록 몸은 멀리 떨어져 있어도 마음으로 기도를, 정성을 다해 물질을 후원해 준 믿음의 가족들 때문에, 아무 것도 기대할 것 없는 이 작은 교회를 찾아와 몸과 마음을 다해 사랑하고 섬겨준 주사랑 식구들 때문에, 저는 이 땅에서 천국을 체험할 수 있었습니다. 수년째 예배 때마다 졸음에 겨워 비몽사몽의 신앙생활을 하던 제가, 오랫동안 새벽기도회에 참석하지 못해 영적 열등감에 시달리던 제가, 전공 공부에 밀려 성경과 어색한 관계를 유지해 오던 제가, 대형교회의 넘쳐나는 성도들 틈에서 한 영혼의 소중함을 인식하지 못했던 제가, 신학의 상아탑 속에 갇혀 복음의 현재적 실체를 온전히 감지하지 못했던 제가, 지난 3년 주사랑교회 성도들과 보낸 세월 속에서 비로소 조금씩 신자와 목사로 성장할 수 있었던 것입니다. 만용에 가까운 무모함 속에 시작한 목회, 그리고 여전히 어설프고 엉성한 아마추어 목회지만, 제 생애 가장 아름다운 추억을 만들어준 꿈 같은 축복임을 이제는 조금씩 깨닫고 있습니다.

 목회를 시작했지만, 막상 무엇을 어디서부터 어떻게 시작해야 할지 몰랐습니다. 당혹스러움이란 그런 상태를 두고 이르는 말인 것 같습니다. 무엇 하나 제대로 준비되고, 할 줄 아는 것이 없음을 절감했습니다. 사실, 제대로 하고 싶어도 함께 할 사람, 여건도 갖춰지지 않았던 때였지요. 아내 외에 설교를 듣고, 성경을 공부할 대상도 없었던 시절이었습니다. 한편으로는 외로움 때문에, 다른 한편으론 오기로, 첫 번째 주일부터 주보에 글을 쓰기 시작했습니다. 3단으로 나뉘어진 작은 주보의 한

면을 '주사랑 메시지'란 코너로 설정하고, 매주 있지도 않은 성도들을 향해 저의 마음을 전하기 시작한 것입니다. 때로는 낙담한 저의 인간적 넋두리가, 때로는 성경을 읽으며 느꼈던 뜨거운 감동이, 때로는 성도들로 인해 울고 웃었던 삶의 에피소드가, 때로는 미쳐가는 세상에 대한 개인적 분노가 신성한 주보의 공간을 지극히 주관적인 언어로 채워갔습니다. 물론, 글을 쓸 당시에는 깊은 생각의 여과과정 없이, 때로는 과도한 흥분 속에, 때로는 지극한 부담 속에, 더욱 많은 경우엔 피할 수 없는 의무감에 휘갈기듯 썼던 글이었지만, 이제 와서 돌아보니 지난 3년의 세월이 고스란히 담겨 있는 저의 개인적 목회일기요, 주사랑 가족들이 함께 만들어간 우리의 더없이 소중한 역사임을 알게 되었습니다.

    3년의 시간이 채워져 가던 어느 날, 이 조각 글들을 책으로 엮어보고 싶다는 생각이 들었습니다. 지난 시간을 정직하게 정리하고, 다음 시간을 겸허하게 준비하기 위해, 무언가 시간의 매듭이 필요하다는 생각이 든 것입니다. 물론, 교회사를 전공한 저의 직업병 때문일 수도 있겠지요. 개인적으로, 3년의 시간을 맡기셨던 주님 앞에 결산하는 기회일 수 있으며, 주사랑 공동체로서는 우리가 함께 만들어 온 역사를 반성과 감사 속에 정리하는 기회가 될 수 있을 것 같았습니다. 하지만, 이 책을 세상에 내놓는 것은 우리 만의 사적인 이야기를 세상에 자랑하거나 무책임하게 유포하려는 불온(?)한 의도 때문만은 아닙니다. 기운차게 달려온 130년의 한국교회 역사 속에 최대의 위기를 맞이하고 있는 이 순간, 신앙의 벗들을 향해 함께 나누고 싶은 고민과 눈물이 있다고 믿기 때문입니다. 어눌하지만 성도들을 향해 말씀을 선포하는 목사로서, 무명이지만 신학도들에게 교회역사를 가르치는 선생으로서, 이 어둠의 시대를 함께 걸어가는 믿음의 도반들에게 들려주고 싶은 소박한 이야기가 있다고 믿기 때문입니다. 어설프기 그지없고 아직도 한참 어린 목사가 여전히 미래의 생존이 불투명한 개척교회에서 경험한 평범한 이야기 속에, 한국교회 성도 전체가 함께 읽어도 좋을 하나님의 은혜와 희망이 담겨 있다고 믿기 때문입니다. 그래서 한 없이 부끄럽지만, 이렇게 용감하게 세상에게 말을 걸어보려 합니다.

이 자리에 이르니, 많은 이들의 얼굴이 눈 앞을 스쳐갑니다. 일일이 이름을 거명할 수 없는 많은 분들의 사랑과 헌신에 어떻게 감사를 표현해야 할지, 저는 적합한 언어와 방법을 알지 못합니다. 고맙고 감사하다는 어눌하고 부끄러운 한 마디 외에는. 참 어색하지만, 저의 가족을 포함한 주사랑교회 가족 모두에게 특별한 사랑과 감사의 마음을 전합니다. 당신들은 지난 3년, 저에게 가장 소중한 생명들이었습니다. 저에게 살아있음을 확인시켜주고, 살아가야 할 의미를 깨닫게 하고, 사는 것이 축복임을 일깨워준 은인들입니다. 감사합니다. 그리고 사랑합니다. 끝으로, 이 허름한 글들을 묶어 한 권의 멋진 책으로 거듭나게 도와주신 대장간의 배용하 대표님께 머리 숙여 고마움을 표합니다. 늘 한결 같은 고마움에 어떻게 보답해야 할지 모르겠습니다. 고맙습니다.

2010년 10월
주사랑교회 배덕만 목사

1부
나를 바꾸는 도전

부모님은 곧 하늘입니다

중국 스촨성에서 다시 지진이 발생했습니다. 또 많은 생명이 희생되었습니다. 지난번 충격의 흔적이 아직도 삶의 자리에 고스란히 남아 있는데, 그 상처 위에 또 한 번 자연의 칼날이 죽음의 흉터를 남기고 지나간 것입니다. 올림픽의 열기가 채 식기도 전에, 중국인들의 가슴에 또다시 큰 '한'恨의 상처를 남겼습니다. 특별히, 흙더미 속에서 발굴된 한 어머니와 아기의 시신이 세상을 울음바다로 만들었습니다. 두 팔로 아이를 가슴에 품고 있던 어머니의 손에는 나무젓가락이 쥐어져 있었습니다. 젓가락을 놓을 사이도 없이, 반사적으로 아이를 끌어 앉고 흙더미에 깔린 것입니다. 이 거룩한 죽음 앞에서 "어머니는 과연 어떤 존재인가?" 다시 한 번 헤아리게 됩니다.

나의 어머니에 대해 생각해 보았습니다. 세 자식을 위해 자신의 일생을 희생한 여인입니다. 적어도 지난 40년간 여인 '고옥순'의 삶은 없었습니다. 무책임한 남편이 떠넘긴 삶의 모든 책임을 가녀린 여인의 어깨로 홀로 짊어져야 했습니다. 머리에 생선 좌판을 이고, 20리가 넘는 장터를 떠돌아야 했고, 수년 동안 밤낮으로 봉투를 붙여서 다섯 식구의 호구를 책임져야 했습니다. 그리고 지금까지 30년이 넘는 세월을 가구공장에서 소음과 먼지 속에 '여인'이 아닌 '노동자'로 살았습니다. 자신을 위해선 단 십 원도 마음껏 써 본 적이 없습니다. 30년간 번 그 많은 돈은 모조리 자식들의 학비와 결혼비용으로 들어갔습니다. 지금도 그분은 자식들 걱정에 밤잠을 설칩니다. 나의 어머니이십니다.

하늘에 계신 성부 하나님을 떠올려 봅니다. 세상의 시간이 시작된 이후 자신의 모든 것을 우리를 위해 포기하셨습니다. 세상을 만들어서 우리에게 주셨습니다. "생육하고 번성하라. 땅에 충만하라. 다스리라." 우리를 사랑해서 자신의 아들을 주셨습니다. "하나님이 세상을 이처럼 사랑하사 독생자를 주셨으니." 우리를 소중하게 생각하시어, 자신의 영을 주셨습니다. "너희에게 성령을 주시지 않겠느냐?" 세상은 하나님의 재산입니다. 예수님은 하나님의 육신입니다. 성령님은 하나님의 영입니다. 결국, 하나님은 자신의 재산, 육신 그리고 영혼마저 우리에게 다 주신 것입니다. 그래서 우리가 존재할 수 있습니다. 그래서 우리가 하늘의 사랑을 알게 되었습니다. 그래서 우리가 영생을 소유하게 되었습니다. 모두가 부모님의 은혜입니다.

조용히 살고 싶습니다

오늘은 저의 생일날이었습니다. 많은 분이 기억하고 축하해 주었습니다. 선물도 받고, 맛있는 음식도 먹었습니다. 그런데 저녁 식사 시간에, 아내가 정성껏 차린 생일상 앞에서 아이들에게 고함을 치고, 집안에 공포분위기를 조성하고 말았습니다. 속으로 '참아야만 하느니라'를 수 없이 반복하며 참으려 했으나, 견딜 수 없는 아이들의 소음과 아빠의 말씀에 전혀 반응하지 않는 녀석들의 모습에 결국, 자제력을 잃고 저녁 밥상 분위기를 그렇게 싸늘하게 만들어버렸습니다. 저의 생애에, 가장 조용하고 식사에만 집중했던 생일 밥상이 되었습니다.

어느 나라의 옛 신화 중에는 "떠나가 버린 신"의 이야기가 있습니다. 본래 그 신은 인간들 바로 위의 하늘에서 살았습니다. 물론 인간과 신의 관계는 무척 좋았습니다. 그러나 점차 인간들의 수가 늘어나고 새로운 아이들이 태어나면서, 인간세계는 소음으로 가득 찼습니다. 인간들이 만들어 내는 소음에, 신들은 낮잠도 편히 잘 수 없게 되었습니다. 결국, 인내의 한계에 도달한 신들은 인간들을 떠나 먼 하늘로 가버렸습니다. 그 후, 인간과 신의 관계도 소원해지고 말았다는 것입니다. 인간들의 세상이 얼마나 시끄러웠으면, 신들이 그들을 피해 멀리 도망을 가버렸을까요? 저는 우리 집 아이들이 시끄럽게 떠들 때마다, 이 신화를 떠올리며 쓴웃음을 짓곤 합니다. 나도 확 떠나 버릴까?

우리 집뿐만 아니라, 우리의 세상 자체가 그야말로 소음 덩어리입니다. 한동안 미국산 쇠고기 수입 문제로 전국이 시끄러웠습니다. 얼마 전까지 베이징 올림픽 때문에 무척 소란스러웠지요. 요즘엔 중국산 유지제품에서 검출된 멜라민 문제로 전 세계가 발칵 뒤집혔습니다. 변사체로 발견된 유명 탤런트와 위암에 걸린 미모의 여배우, 정부의 종합부동산세법 개정 및 그린벨트 철폐 추진 움직임, 대통령 선거와 대기업의 부도로 들썩거리는 미국의 상황, 김정일의 건강 악화와 핵시설 재가동을 둘러싼 북한의 동요 등으로, 하루도 편하고 조용할 날이 없습니다. 정말 시끄러운 세상입니다.

예수님께서 새벽 미명에 한적한 곳에서 기도하셨다는 성경의 이야기가 떠오릅니다. 영국의 영성 학자 이블린 언더힐은 우리의 영생생활을 위해 골방에 들어가 문을 닫으라고 권면 합니다. 세상의 끔찍한 소음에서 벗어날 수 있는 '한적한 곳'과 '골방'이 정말 우리에게 필요 합니다. 우리 자신도 잊고, 세상도 잊고, 우리의 복잡한 삶 자체도 잊고, 오직 하나님 한 분께만 집중할 수 있는 장소와 시간이 우리에게 너무나 절실하게 필요합니다. 그래서 신실한 그리스도인들이 '조용한 시간' Quiet Time을 정기적으로 갖나 봅니다. 정말, 조용히 살고 싶습니다. 여러분, 조용히 삽시다.

그리스도인의 여름 나기

연일 찜통더위가 계속 되고 있습니다. 밖에 나가는 것이 싫고, 움직이는 것 자체가 짜증의 원인이 됩니다. 하루에도 수차례 샤워를 하지 않으면 견딜 수가 없습니다. 밤마다 잠을 자는 것도 고통입니다. 고유가 시대에 에어컨을 켜는 것은 경제적 부담이요, 에어컨 바람에 감기와 냉방병으로 고생하니, 이 또한 삶의 부담입니다. 하지만, 그것의 도움 없이는 한순간도 견디기 어려우니, 삶 자체가 온통 비열한 모순과 역설의 덩어리입니다.

사람들은 이 더위와 전쟁을 벌이면서, 다양한 여름휴가 계획을 세웁니다. 전국의 수영장, 해수욕장은 벌써 문전성시를 이루고, 백화점과

상점에는 여름 휴가용품들이 산처럼 쌓여 있습니다. 텔레비전 프로그램들은 납량특집용 귀신들로 도배되었고, 극장가도 여름 휴가철을 겨냥한 수많은 할리우드의 블록버스터들이 즐비하게 대기 중입니다. 물로 열을 이기려는 인간적 노력, 식은땀으로 비지땀을 극복하려는 처절한 몸부림, 그리고 돈과 유흥으로 불볕더위를 어떻게 해보려는 안타까운 집착이 오늘 우리의 서글픈 현실입니다.

한 친구가 말했습니다. "목사님, 한 주간 동안 더위로 고생하면서, '정말 지옥에 가면 안 되겠다'는 생각을 했습니다. 더위가 이렇게 고통스러운데, 그 뜨거운 지옥의 삶은 정말 지옥 같지 않겠습니까?" 얼마나 더웠으면 그런 생각을 다 했을까요. 한편, 현실의 고통에서 신학적 통찰을 길어 오르는 그의 범상함에 마음이 흐뭇했습니다. 일상의 크고 작은 일 속에서 하나님의 뜻을 헤아리고, 성서에 따른 가르침을 적용하려는 태도가 우리에게 늘 필요하기 때문입니다.

여름의 더위를 이기는 또 다른 방법을 생각해 봅니다. 더위와 전쟁을 선포하는 대신, 더위를 통해 우리가 성숙하는 길을 찾으려 고민해 봅니다. 더위에 지친 몸으로 하루를 불쾌감 속에 시작하는 대신, 시원한 새벽 공기 속에 뜨거운 기도로 아침을 시작하는 것은 어떨까요? 차가운 에어컨 바람 앞에 몽롱한 정신으로 누워 있는 대신, 불 같은 정열로 하나님의 성호를 뜨겁게 찬양하는 것은 어떨까요? 땀으로 범벅이 된 몸을 찬물로 씻음과 동시에, 세속적 욕심과 오염된 정신으로 범벅된 우리의 영혼도 생명의 말씀으로 정결케 하는 것은 어떨까요? 이 여름의 살인적 더위를 그렇게 식혀봄은 어떨까요? Good Idea?

주의 길을 걸어간 자들

주님이 가신 길을 먼저 걸어간 사람들이 있습니다. 십자가를 지고 좁은 길을 걸어간 사람들입니다. 얼마든지 평범하고 안락한 삶을 누릴 수 있었지만, 그 평범과 안락을 포기했습니다. 넓고 편한 길을 갈 수도 있었지만, 좁고 험한 길을 선택했습니다. 세례 요한이 바로 그 사람입니다. 그는 제사장의 아들이었음에도, 광야에서 고독을 삶의 방식으로, 금욕을 삶의 내용으로 살았습니다. 그래서 세상의 낙과 단절되었고, 세상의 권세에 의해 험한 꼴을 당했습니다. 더러 그를 존경하며 따른 이들도 있었으나, 끝까지 그와 함께한 자들은 드물었습니다. 그러나 그는 예수께 세례를 베풀었고, 자신의 제자들을 그에게 보냈으며, 예수처럼 험하게 생을 마감했습니다. 그는 여러 면에서 예수를 닮았습니다.

주님과 함께 길을 간 사람들이 있었습니다. 주님처럼 가족을 포기했고, 주님과 함께 길에서 잠을 잤으며, 주님과 함께 죽음의 위협을 겪었습니다. 베드로가 바로 그 사람입니다. 가족과의 단란한 삶이 주는 기쁨을 그가 모를 리 없습니다. 안정된 직업이 주는 삶의 안정을 그라고 싫어했을 리 만무합니다. 또한, 그를 향한 세상의 따가운 눈총을 그가 즐겼을 것 같지는 않습니다. 그러나 그는 예수와 함께 사람을 낚고, 예수와 함께 이 땅에 생명의 씨를 뿌렸습니다. 예수와 함께 고난 당하며, 세상이 줄 수 없는 평안을 누렸고, 생명의 말씀을 발견했습니다. 그렇게 3년을 예수와 동행하며, 어느새 그도 예수를 닮아갔습니다.

주님이 가신 길을 따르려는 사람들이 있습니다. 등 따듯하고 배부른 삶의 달콤함을 포기할 수 없지만, 천하를 호령하는 영웅의 꿈이 아직 살아 있지만, 또 방언이나 신유에 대한 근원적 갈망도 쉽게 떨쳐버리기 어렵지만, 때때로 배고픈 이웃을 위해 자신의 가벼운 주머니마저 용기 있게 비우는 사람, 때때로 아무도 관심 두지 않는 삶의 음지를 향해 낮은 마음으로 빛이 되어 나아가는 사람, 때때로 종교적 체험이나 지식의 빈약함에도, 떨리는 마음으로 떠듬떠듬 병든 타인을 위해 기도하는 사람 말입니다. 이런 사람들의 명단에 저와 여러분의 이름이 너무 늦지 않게 오르길 바랍니다. 진심으로.

할렐루야와 아멘

5개월이 넘게 새벽마다 시편을 묵상하고 있습니다. 이미 여러 차례 읽었던 성경이지만, 읽을 때마다 다른 느낌과 감동을 경험합니다. 낯익은 본문은 오랜 벗을 만난 듯 가슴 설레게 반갑고, 낯선 본문은 새로 발견한 보석처럼 짜릿한 흥분을 느낍니다. 그래서 반복이 가져오는 진부함이나 피상성의 위험 대신, 마치 보는 각도에 따라 다른 빛과 형상을 노출하는 다이아몬드처럼, 매번 놀라운 감동과 새로운 깨달음을 얻습니다. 하나님의 말씀이 주는 힘이요 은혜입니다.

이번 주 목요일 새벽에 시편 106편을 함께 묵상했습니다. 글을 읽다가 마지막 절, "여호와 이스라엘의 하나님을 영원부터 영원까지 찬양할지어다. 모든 백성들아 아멘 할지어다. 할렐루야!"에서 저의 호흡이 멎었습니다. 이 한 절에서 우리 신앙의 정점을 보았기 때문입니다. 하나님을 예배하는 자, 십자가를 지고 예수님의 뒤를 따르는 자, 이 땅에서 영적 순례의 삶을 살겠다고 결단하는 자들이 도달해야 할 종착점을 보았기 때문입니다. 그것은 결국 "할렐루야"와 "아멘"이었습니다.

이집트에서 500년간 종살이하던 이스라엘 민족이 모세를 통해 '야훼' 하나님을 만났습니다. 그 첫 만남의 인상은 너무나 강렬했습니다. 세계 최강으로 불리던 이집트의 신들이 야훼의 파워 앞에 무참하게 무릎을 꿇었기 때문입니다. 그러나 광야에서 전개된 그들과 하나님 간의 관계는 처음처럼 짜릿하지도 황홀하지도 못했습니다. 갈등과 배반, 그리고 진노의 연속이었으니까요. 그렇게 이스라엘과 하나님의 씨름은 40년간 지속하였습니다. 그렇게 혹독한 세월을 함께 보내고, 이스라엘 백성이 도달한 지점은 "할렐루야"와 "아멘"이었습니다.

그렇습니다. 하나님 백성이 하나님 앞에서 행할 수 있는 마지막 몸짓은 하나님을 찬양하는 것입니다. 그 찬양에 "아멘!" 하는 것입니다. 하나님의 진면목을 발견하고서, 장광설은 불필요하며, 화려한 수사학이나 복잡한 논리도 부끄럽습니다. 다만, 우리의 소박한 입으로 성부를 찬양하고, 우리의 여린 가슴에 성자를 모시며, 우리의 작은 손뼉으로 성령을 환영할 뿐입니다. 그렇게 터져 나온 "할렐루야"와 "아멘"에 우주는 폭발하고, 악의 세력은 추락하며, 하나님의 나라는 도래할 것입니다. "할렐루야!" 그리고 "아멘"입니다.

드디어 3월입니다 ❋

급습한 감기 몸살에 시달리며 혹독한 한 주일을 보냈습니다. 저뿐만 아니라 세 아이 모두가 감기에 시달리며 약봉지를 붙들고 살았습니다. 그 속에서 상대적으로 멀쩡했던 아내는 온 가족의 병시중을 드느라 멀쩡한 죗값을 톡톡히 치렀습니다. 목소리가 쉬고, 비염에 숨쉬기도 힘들며, 쉼 없이 흘러내리는 콧물을 처리하느라 정신이 없었습니다. 불편한 목과 쉰 목소리 그리고 지칠 줄 모르고 터져 나오는 재채기 때문에, 정말 불편하고 답답해서 죽는 줄 알았습니다. 감기 한방에 이렇게 녹초가 되다니요. 어처구니가 없습니다.

감기로 고생하면서, '신앙의 매너리즘'이 감기와 많이 닮았다는 생각을 했습니다. 생명을 위협할 정도는 아니지만, 철마다 찾아와서 우리를 아주 불편하게 만드는 감기처럼, 매너리즘은 주기적으로 우리 삶에 찾아와서 우리 신앙생활의 리듬을 깨트리고 우리를 병든 신자로 만듭니다. 멀쩡하던 목소리 대신, 코가 막히고 가래가 들끓어서 탁하고 답답한 목소리를 내게 하는 감기처럼, 매너리즘은 찬양, 기도 그리고 말씀 선포를 위해 쩌렁쩌렁 울리던 우리의 목소리에서 탄력과 생기를 빼앗고, 불신과 불평의 거친 소음만이 터져 나오게 만듭니다. 몸에서 기운을 빼고 몸살 기운 속에 잔뜩 움츠리게 하는 감기처럼, 매너리즘은 건강하고 활력 넘치는 우리의 신앙생활에 권태, 무감각, 패배감을 불어넣어 우리를 무기력하고 무능한 그리스도인으로 추락시킵니다.

그러나 환절기가 지나고 춘삼월의 싱그러운 바람과 따뜻한 햇볕

속에 감기 바이러스도 살짝 꼬리를 내릴 수밖에 없습니다. 이제 새롭게 시작되는 3월에 우리의 움츠렸던 믿음도 힘껏 기지개를 켜고 당당하게 일어설 줄 믿습니다. 감기 따위에 잠시 흔들렸던 우리의 전열을 정비하고, 다시 우리 곁을 찾아온 봄의 교향악에 맞춰 흥겨운 믿음의 스텝을 밟아 봅시다. 겨울의 어두운 흔적은 사라지고 3월의 생기가 천지를 장악할 것입니다. 드디어 三月입니다.

12월의 신비

12월은 일 년의 마지막 시간입니다. 언제나 마지막은 아쉬움과 안도감이 교차하는 극적인 시간입니다. 연초에 꿈꾸었던 소망들이 여전히 미완으로 남아 있어 아쉽습니다. 하지만, 그런 불완전함 속에서도 한 해를 무사히 완주했다는 사실에 안도의 한숨을 쉬게 됩니다. 남들보다 탁월하게 경주를 끝내지 못했을 수도 있습니다. 그러나 중도에 포기하지 않고 경기를 끝냈다는 것 자체가 참으로 대견하고 장한 일입니다. 누군가 말했습니다. 세상에서 제일 쉬운 일은 '힘들고 어려울 때 포기하는 것'이라고요. 그렇다면, 우리가 기록경신엔 실패했을지라도 난코스를 통과하며 그냥 주저앉지 않고 결승 테이프를 끊었다는 사실만으로도 우리는 큰일을 해낸 것입니다. 그래서 저는 이 12월을 맞이한 우리 모두에게 격려의 박수를 보내고 싶습니다. 이달을 함께 하게 되었다는 사실만으로도 우리는 대단한 사람들입니다. 특별히 요즘같이 다들 살기 어렵다고 한마디씩 하는 때에 말입니다.

또한, 12월은 주님의 생일이 들어 있는 달입니다. 하나님이 인간의 모습으로 이 땅에 태어난 날입니다. 볼 수 없었던 하나님께서 사람의 몸으로 이 땅에 오시어, 마침내 우리와 물리적으로 만나게 된 기막힌 달입니다. 아담의 타락 이후, 좀처럼 함께 할 수 없었던 지극히 서먹하고 완전히 깨어졌던 관계가 아기 예수의 탄생을 통해 극적으로 회복된 정말 감동적인 시간입니다. 도무지 존재론적으로 불가능한 '신인합일'의 신비가 현실이 된 기적 같은 때입니다. 저는 이런 신비스런 12월에 사람 간에도 극적인 만남과 회복의 기적이 나타났으면 좋겠습니다. 그동안 이런저런 이유로 등 돌리고 살았던 사람들이 서로 향해 다시 돌아서는 기적, 이런저런 이유로 오랫동안 소식도 모르고 지냈던 그리운 얼굴들이 눈앞에 다시 나타나는 기적, 이런 저런 이유로 오랫동안 기억에서 까맣게 지워졌던 인연들이 다시 새롭게 이어지는 기적이 나타났으면 좋겠습니다. 2천 년 전 12월에 하늘과 땅이 만나고, 창조주와 피조물이 상봉하며, 주님과 죄인이 재회했던 것처럼 말입니다. 정말 그런 기적 같은 상봉의 감동이 가득한 12월이 되길 간절히 소망합니다.

부족한 사람들끼리 위로하며 살아갑니다 ❀

20세기의 위대한 영성 작가 헨

리 나우웬의 전기를 읽은 적이 있습니다. 그의 전기 작가에 의하면, 그가 저술한 글들 속에 비친 나우웬과 현실의 실제 나우웬은 전혀 다른 사람이었다고 합니다. 나우웬은 침묵, 기도, 고독 그리고 영성에 대해 주옥같은 글을 썼습니다. 그의 독자들은 그의 글을 통해 영적 깨달음과 진한 감동을 체험합니다. 그들의 눈에 나우웬은 심오한 영성을 겸비한 위대한 신앙인으로 보였습니다. 그러나 실제로 그는 사람들의 시선을 끊임없이 의식하고, 자신의 호의에 대한 사람들의 열광적 반응에 목말라 했으며, 친구들의 사랑을 확인하기 위해 밤새도록 전화기를 붙들고 살았답니다. 책에서는 그토록 침묵과 고독 그리고 절제와 초월을 역설했으면서 말입니다.

    저는 나우웬의 전기를 읽으면서 그에 대해 실망하기 보다, 그를 인간적으로 더욱 사랑하게 되었습니다. 무엇보다 저와 그가 별로 다르지 않다는 인간적 안도감 때문입니다. 그동안 저와는 전혀 다른 차원의 사람이라고 여기며 거리감을 느꼈는데, 그가 저와 같은 이중성격의 유약한 인간이었다니, 친밀감마저 밀려옵니다. 동시에, 고독과 허탈, 소외와 망각을 견디지 못하고 절규하는 나우웬의 모습에서, 그 또한 나와 같이 원죄의 흔적을 지닌 죄인임을 발견합니다. 그 역시 기도를 가르치기 전에 기도가 필요한 사람이요, 영적 성숙을 설명하기 전에 은혜가 필요한 존재요, 침묵의 미학을 분석하기 전에, 위로의 손길이 필요한 인간이었음을 말입니다.

    요즘, 정신없이 돌아가는 스케줄과 산더미 같은 일 속에서 조금 당혹스럽고 허탈했습니다. 그래서 괜히 죄 없는 나우웬을 끌어들여 구차한(?) 위로를 얻으려 했던 것 같습니다. 빈번히 자신의 약점과 무능을 확인하며 허탈한 마음이 듭니다. 그러나 우리가 서로의 모습 속에서 유사한 연약함과 무능을 발견할 때, 그 허탈은 서로에 대한 연민과 동지애로 바뀝니다. 겉과 속이 다르고, 이상과 현실이 다르며, 과거와 현재가 다르고, 고백과 실천이 다르기에, 때때로 실망스럽고 가슴이 아픕니다. 그럼에도, 또 하루를 묵묵히 시작하는 지극히 평범한 사람들 곁에서, 위로와 기운을 얻습니다. 오늘도 자신에게 실망한 분들, 삶에 대해 의욕을 상실한 이들, 양심의 가책과 수치심에 힘들어하는 사람들에게, 기도할 수 있는 믿음이, 침묵할 수 있는 용기가, 그리고 기다릴 수 있는 은혜가 하늘로부터 임하길 간절히 기원합니다. 우리는 사람입니다.

5월은 사람의 정을 느끼게 합니다

오월의 첫 주일을 맞이하는 밤이 깊습니다. 오월을 기다리는 특별한 사람들 생각에 쉽게 잠을 이루지 못하고 있습니다. 오월에는 어린이날, 어버이날 그리고 스승의 날이 들어 있기 때문입니다. 우리 삶을 구성하는 가장 소중한 사람들에게 조금은 어색하고 새삼스럽지만, 체면과 예의를 갖추어 사랑과 감사를 표현하는 특별한 날들입니다. 시간의 흐름, 세월의 변화를 거의 감지하지 못한 채, 시계의 위력 앞에 떠밀려 살아가는 현대인들에게, 이 특별한 날들은 걱정 많은 어머니가 아픈 자식에게 제시간에 맞추어 약을 챙겨 먹이듯이, 그렇게 억지로라도 일깨워주고 챙겨주어야 할 소중한 날들입니다.

　5일이 어린이날입니다. 아이들의 울음소리가 끊어진 시골의 정적은 서글프다 못해 무섭습니다. 아이들이 사라진 세상은 지옥보다 무서운 절망의 세계입니다. 그러므로 우리 곁에 천진난만한 어린이들이 뛰어다닌다는 사실만으로도 우리는 충분히 감사할 수 있습니다. 아이들에게 특별한 사랑과 소망을 전달하는 고마운 하루가 되길 바랍니다. 8일은 어버이날입니다. 부모님이 떠나버린 세상은 허망과 한숨 그리고 그리움이 범벅된 텅 빈 세상입니다. 그루터기가 잘려나간 고독한 나무나, 머릿돌이 빠져나가 위태로운 성채처럼, 부모님의 빈자리는 메울 수 없는 결핍이요 극복할 수 없는 한계입니다. 더 늦기 전에 그분들께 부족한 자식의 부끄러운 마음을 어설프게나마 열어 보이시길 바랍니다. 기뻐하실 겁니다. 15일은 스승의 날입니다. 저는 요즘 유난히 선생님들이 그립습니다. 저도 늙는다는 증거요 늦게나마 철이 든다는 조짐인 듯합니다. 선생님들의 가르침이 없었다면 오늘 우리의 모습이 짐승과 무엇이 다르겠습니까? 가르침이 멈춘 세상, 스승이 부재한 시대, 회초리가 사라진 사회는 정글이고 종말이고 지옥일 뿐입니다. 우리의 지난 길을 동행해 주셨던 그분들의 얼굴을 떠올리고, 그분들의 가르침을 되새기는 숙연한 하루가 되어야 할 것입니다.

　어린아이들을 특별히 사랑하셨던 아들 예수님, 우리의 구원을 위해 독생자마저 포기하셨던 아버지 하나님, 세상을 향해 하늘의 진리를 밝히시던 몽학선생 성령님. 오월의 여러 날을 기념하며 보낼 때, 삼위일체 하나님의 사랑, 생명 그리고 가르침도 함께 더듬어갈 수 있길 바랍니다. 그렇게 오월의 달력이 하루하루 넘어가길 기대합니다. 삭막한 세상

한복판에서 사람을 그리워하는 우리의 모습이 참 인간적입니다. 보기 좋습니다.

반갑다 친구야!

지난주일 오후에 강원도 춘천으로 달려가서, 시골에서 목회하는 동기 목사를 만났습니다. 그는 신학교를 졸업하고, 화천에서 목회를 시작했습니다. 집안에 뱀이 들어와 온 식구들이 기겁하는 일을 겪으면서도, 군인과 농부로 구성된 작은 교회를 정성을 다해 섬겼습니다. 이제 임지를 춘천으로 옮겨, 노인들만 남은 낡은 농촌교회에서 열정을 다해 말씀을 전하고 있었습니다. 은혜를 끼치러 갔다가, 오히려 큰 도전만 받고 돌아왔습니다.

수요일에는 중국 신장에서 사역하는 선교사 부부가 저를 찾아왔습니다. 예전에 신장에서 그들을 만났습니다. 함께 높은 산을 오르며 유목민들에게 성경을 나누어주고, 교회가 없는 그 땅의 사람들을 위해 산에서 눈물로 함께 예배 드렸습니다. 그렇게 맺어진 신앙의 동지들입니다. 이제 10년의 사역을 마치고 안식년을 위해 귀국했다가 저를 만난 것입니다. 거대한 신앙의 용사들과 대화를 나누면서, 다시 한번 가슴이 뜨거워지는 경험을 했습니다.

목요일에는 캄보디아에서 사역하는 홍철원 선교사를 만났습니다.

13년째 캄보디아에서 13개의 원주민교회를 개척하고, 신학교를 세워 목회자를 양성하고 한인교회를 목회하는 슈퍼맨입니다. 아들의 결혼식 때문에 잠시 귀국했다가 저를 보러 온 것입니다. 제가 유학을 떠나기 전, "덕만아, 너 공부 핑계 대고 기도 안 하면 나한테 죽는다!!"라고 호통을 쳤던 그는, 어느덧 영적 거장으로 성숙해 있었습니다. 나이가 벌써 55세가 되었지만, 저보다 더 젊은 청년이었습니다.

    세월이 흘렀는데, 모두가 성숙해 있었습니다. 각자의 자리에서 흔들림 없이 온 힘을 다하고 있었습니다. '부귀영화'를 누리지는 못합니다. '뜨지도' 못했습니다. '인생 대박'의 뜻도 모릅니다. 세상도 잊고, 출세의 꿈도 접었습니다. 대신, 시간 속에서 영원을, 속세의 한복판에서 천국을 살고 있었습니다. 자랑스러웠습니다. 부러웠습니다. 그리고 큰 도전을 받았습니다. 저도 그들처럼 되고 싶습니다. 저도 누군가에게 그런 도전과 열정의 이유가 되고 싶습니다. 그렇게 살겠습니다.

저는 아직도 한참 멀었나 봅니다

    극동방송의 "복음의 메아리"란 프로그램에서 교회사를 강의하고 있습니다. 일주일에 한 번씩 총 25주 동안 강의합니다. 하지만, 저는 이 강의에 대해 한동안 불만이 많았습니다. 첫째, 25회나 강의를 하지만 강사료는 한 푼도 없습니다. 둘째, 10분짜리 강의안을 만드는데, 평균 2시간 이상이 소요됩니다. 셋째, 녹음을 위해 서울까지 가야 합니다. 오가는 시간과 교통비가 장난이 아닙니다. 넷째, 스튜디오에서 혼자 녹음을 하는데, 전혀 강의하는 맛이 나질 않습니다. 다섯째, 중국과 북한으로 방송이 나가지만, 누가 듣는지 안 듣는지 통 알 길이 없습니다. 끝으로, 대전에는 방송이 나오지 않습니다. 그래서 이곳에서는 듣는 사람도 없습니다. 선교하는 심정으로 하고 있지만, 보람이나 감동을 느낄 수 없었습니다.

지난 설날에 처가댁 식구들과 함께 처외삼촌께 세배하러 갔습니다. 외삼촌은 시각장애인으로 혼자 지내고 계십니다. 어려운 형편에도 우리 교회에 매달 후원금을 보내주시기 때문에, 아주 오랜만에 찾아뵙고 인사를 드렸습니다. 그런데 외삼촌께서 우리를 맞이하자마자, 극동방송에서 저의 강의를 매주 듣고 있다며, 녹음해 놓은 저의 강의를 사람들에게 들려주셨습니다. 매주 목요일마다 저의 강의를 들으려고 새벽 4시에 일어난다고 하셨습니다. 몇 번은 강의를 들으려고 일어났지만, 너무 졸려서 그만 강의를 듣지 못했다고, 오히려 제게 미안해하셨습니다. 끝으로 저희 교회를 위해 하루에 세 번씩 빠짐없이 기도한다며, 다시 한번 저를 격려하셨습니다. 말씀을 들으며, 저는 정신이 번쩍 들었습니다. 한없이 부끄러웠습니다.

외삼촌의 말씀을 들으며, 작은 일에 충성하는 것, 어려운 환경에서도 온 힘을 다하는 것의 소중함을 다시 한번 깨달았습니다. 어려운 환경에도 조카사위를 위해 새벽마다 일어나 강의를 듣고, 부족한 생활비를 쪼개어 아낌없이 후원금을 보내며, 우리 교회를 위해 하루 세 번씩 변함없이 기도하시는 모습 앞에, 저는 고개를 숙였습니다. 어린아이도 함부로 대하지 않으시고, 간음한 여인마저 정성과 예의를 다하시며, 제자들을 사랑하시되 끝까지 사랑하신 주님을 떠올리며, 다시 한번 "죽는 날까지 하늘을 우러러 한 점 부끄러움이 없기를" 소망해 봅니다. 저는 아직도 한참 멀었나 봅니다.

경건, 그 길을 가고 싶습니다

　　　　　　　　　　　　주님을 따르기로 결단 한 이후 갖게 된 부담 중 하나는 '경건' 입니다. 낱말은 귀에 익숙하나 뜻은 모호하고, 실천의 욕구는 간절하나, 현실의 실천은 난해한 '종교적 수행' 이 바로 경건입니다. 그래서 가장 익숙하고 친근하면서 동시에 가장 부담스럽고 버거운 것이 경건이며, 가장 실천하고 성취하고 싶은 신앙의 목표이면서 동시에 가장 우리 자신의 연약함과 추함을 드러내는 두려운 신앙의 거울이 또한 경건입니다.

　'경건' 을 떠올릴 때, 우리 머리에 떠오르는 몇 가지 이미지들이 있습니다. 검은색 수도복을 입고 횃불을 손에 든 채 어두운 수도원 지하통로를 침묵 속에 지나가는 중세 수도사들. 이른 새벽에 일어나 몸을 닦고 장독대 위에 맑은 물 한 그릇을 올리고 치성을 드리는 어머니. 고사리 같은 두 손을 꼭 마주 잡고 두 눈은 질끈 감고 아픈 무릎을 참으며 기도하는 꼬마 등등.

야고보서1:26~7를 묵상하다 보니, 성경이 말하는 경건은 적어도 세 가지의 다른 차원이 있는 듯합니다. 첫째는 '혀를 통제하는 것'입니다. 경건은 우리의 언어를 성령께서 다스리실 때 시작됩니다. 경건의 두 번째 차원은 '고아와 과부를 돌보는 것'입니다. 진정한 경건은 사랑의 봉사를 통해 구체적으로 실천됩니다. 그리고 경건의 끝은 '자기를 지켜 세속에 물들지 않는 것'입니다. 타락한 세상 속에서 하늘의 성품을 고고히 지켜나가는 삶에서 경건은 완성됩니다. 이 경건의 경지에 우리가 모두 이르게 되길 감히 기도합니다, 주님.

다가올 선택을 대비하라

그랙 로리라는 미국 목사님이 있습니다. 그분이 운영하는 선교단체에서 매일 아침 묵상의 글이 한통씩 이메일로 날아옵니다. 오늘 보낸 글에는 성경에 대한 그분의 생각이 짧게 적혀 있더군요. 그분에 따르면, 신자 중에 성경책을 들고 와서 목사님에게 사인을 부탁하는 경우가 종종 있다고 합니다. 유명한 목사님의 사인을 받는 것이 자랑거리가 되기 때문일까요? 아무튼, 로리 목사님은 대부분 사인을 정중하게 거부한답니다. 자신이 성경의 저자가 아니란 이유에서 말입니다. 하지만, 불가피하게 사인을 해야 할 경우, 성경의 앞장을 펼쳐 이런 글귀를 적습니다. "죄는 당신을 이 책에서 분리시키지만, 이 책은 당신을 죄에서 분리시킬 것입니다." 성경과 죄의 관계를 정확히 파악한 로리 목사님의 말씀이 잔잔한 감동과 도전이 됩니다.

이번 주일은 종려 주일입니다. 예수님의 예루살렘 입성을 기념하는 주일이지요. 나귀 등에 타신 예수님, 경호원처럼 그분 주위를 둘러싼 제자들, 그들을 앞뒤로 따르며 호산나를 외치고 바닥에 종려나무를 펼쳐 놓는 군중, 이 모든 광경을 못마땅한 표정으로 지켜보는 종교지도자들. 그러나 그 축제적 분위기는 예루살렘 성전을 청소하는 주님의 광기, 그를 죽이려는 유대 종교지도자들의 교활한 음모, 그리고 골고다에서 벌어진 예수님의 십자가 처형으로 이어지며, 극적인 대 반전을 이룹니다. 다윗의 영광을 꿈꾸었던 사람들의 간절한 소망은 인류 최대의 비극 속에 허망하게 좌절되고, 세상에서 가장 거룩한 사람들은 세상에서 가장 부끄러운 민족으로 추락합니다. 유대인들의 비극적 몰락 속에서 인간존재의 비애와 타락한 종교의 허상을 목격하며, 마음이 춥고 시려옵니다.

"죄가 우리를 성경에서 분리시킨다."라는 로리 목사님의 경고가 무섭습니다. 타락한 종교에 현혹된 유대인들이 하나님의 아들을 십자가에 못 박는 모습을 떠올리며, 그의 경고가 사실로 확인되는 것 같아 몸에 소름이 돋습니다. 동시에 "성경이 우리를 죄에서 분리시킨다."라는 그의 조언에서 암흑 속의 빛 같은 희망을 봅니다. 타락한 종교가 아닌, 생명의 말씀이신 예수님 곁에 머물 때, 선동하는 뱀의 유혹 앞에서도 우리가 요동치 않을 것을 믿기 때문입니다. 이 사순절에 과연 우리는 어떤 선택을 해야 할까요? 죄에 짓눌려 말씀을 떠날 것인가? 아니면 말씀을 선택하고 죄를 떠날 것인가? 주님을 향해 "호산나, 다윗의 자손이여"라고 외칠 것인가? 아니면, "저를 십자가에 못 박으라!"고 울부짖을 것인가? 이제 우리가 선택할 시간입니다.

어떻게 해야 할까요? ✿❀

　　　　　　　　　　허병섭 목사님에 대해 들어보셨나요? 그는 신학대학원을 졸업하고 목사가 되었습니다. 남들이 대형교회에서 사역의 자리를 찾을 때, 그는 군목으로 군복무를 마친 후 빈민가에서 목회를 시작했습니다. 불우청소년들에게 야학을 통해 지식을 가르치고, 삶을 함께하며 인생을 가르쳤습니다. 그들과 평등한 관계 속에서 사역하기 위해 '목사직' 마저 포기했습니다. 평생 그들 곁을 떠나지 않았습니다. 빈민들을 위해 싸우다 교도소에도 여러 번 갔습니다. 재산을 소유하지도 않았고, 명성을 구하지도 않았습니다. 그러던 그가 얼마 전 뇌출혈로 쓰러져 사경을 헤매고 있습니다. 김수환 추기경이 선종함으로써, '큰 별'이 떨어졌다고 서글퍼할 때, 어떤 이들은 김 추기경보다 더 큰 별이 떨어졌다며 허 목사님의 병환을 안타까워합니다.

　　저는 대학에 다니던 시절에 허병섭 목사님에 대해 처음 들었습니다. 막노동꾼이 되려고 목사직을 교단에 반납했다는 기사를 어디선가 읽었던 것입니다. 그리고 오랫동안 그 이름을 잊고 살았습니다. 그러다가 얼마 전 그가 먼저 쓰러진 아내를 병간호하다가 자신도 뇌질환으로 쓰러져 사경을 헤매고 있다는 소식을 들었습니다. 그동안 그의 생의 발자취를 더듬으며, 그가 우리 시대에 소외되었던 영적 거장이었음을 새롭게 알게 되었습니다. 한없이 부끄러웠습니다. 너무나 죄송했습니다. 누군가 이 땅의 민중을 위해 그렇게 처절하게 헌신하며 사는 동안, 저는 주류에 편입되어 호의호식하며 살아왔기 때문입니다. 그런 분의 삶을 철저히 망각하고, 개인적 안락과 성공에 집착하며 속된 삶을 살았기 때문입니다.

이 시대에 예수님께서 다시 오신다면 어디에 임하실까 생각해 봅니다. 예수님은 누구를 제일 먼저 만나러 달려가실까요? 예수님께서 제 앞에 나타나시면 저는 그분을 단번에 알아볼 수 있을까요? 혹시 그분이 나타나서 "덕만아, 그 동안 병섭이가 하던 일을 이제부터는 네 놈이 해라!" 하시면, 저는 어떻게 할까요? 사실, 무섭습니다. 허병섭 목사님 같은 분들을 볼 때마다, 저 자신이 너무 부끄러우면서 부럽고, 또 두렵습니다. 주님을 보고, 십자가를 보고, 좁은 길을 보면서도, 자꾸만 주님과 눈 마주치길 거부한 채, 십자가 주변을 서성이고 큰길로 도망치는 제 모습을 보며 정말 어찌해야 할지 모르겠습니다. 비겁하며 교활한 제 모습에, 서러워 눈물이 납니다. 어찌해야 할지 모르겠습니다. 어떻게 해야 할까요? 어떻게?

주님의 부활절 보너스

혹독한 주말을 보냈습니다. 고난주간의 맛을 제대로 보고 말았어요. 금요일 오후에 코뼈교정과 비염치료를 위해 수술을 했거든요. 간단한 수술이라고 해서 아무 생각 없이 응했는데, 수술은 역시 수술이었습니다. 수술 자체는 수면마취 상태에서 이루어져 고통을 몰랐지만, 이후에 코를 거즈로 꽉 막아놔서 숨을 입으로만 쉬어야 했어요. 몸을 앞으로 숙이는 것도 금지되어서, 종일 누워 있어야 했지요. 숨쉬기는 죽을 것처럼 답답하고, 머리는 깨질 듯이 아프고 무겁고, 허리는 부러질 것처럼 불편하고, 목소리는 쉬어서 말도 제대로 못 하고…. 할 일이 태산인데, 가장 바쁜 주말에 이 지경이 되었으니 몸보다 마음이 더 불안하고 불편해서, 모처럼 찾아온 휴식도 도무지 마음 편히 누릴 수 없었습니다.

    이 정도 고통에 고난주간 운운하는 것이 우습습니다. 주께서 당하신 고통에 동참했다는 종교적 오만도 어림없습니다. 다만, 제일 바쁜 시간에 이처럼 누워 있게 된 이유를 생각해 보니, 주님의 오묘한 뜻이 숨어 있는 것 같아서 잠시 숨소리를 가다듬어 봅니다. 하필 고난주간 마지막 날에 이런 아픔을 겪게 하신 데는 주님의 깊은 마음이 숨어 있는 것 같아 생각을 다듬어 봅니다. 주님은 33살이라는 한창나이에 세상을 떠나셨습니다. 자신의 인기와 영향력이 절정에 달했을 때, 십자가에서 생을 마감하셨습니다. 보통 사람들 같으면 건강한 몸과 정신을 무기로 펄펄 날면서 일을 해야 할 때, 자신의 생을 정리하셨습니다. 남들 같으면 인기의 여세를 몰아, 자신의 제국을 건설하고 명성을 날리려 할 때, 주님의 삶은 극적으로 종결됩니다. 그런 주님의 생애 마지막 주간을 기념하며, 멀쩡한 제가 자리에 누워 있게 된 것이 자꾸 마음에 걸립니다. 왜일까? 무엇 때문일까?

    주님의 시간 계산과 우리의 시간 계산이 사뭇 다르다는 느낌이 들게 됩니다. 우리 생각에 한창 바빠야 할 때에, 주께서 돌연 걸음을 멈추십니다. 우리 기준에 열심히 몸부림쳐야 할 시간에 주께선 태연히 주저앉으십니다. 그분의 정중동靜中動 앞에서 우리의 분주함과 몸부림이 괜히 부끄러워집니다. 또한, 주님의 승리 기준과 우리의 승리 기준이 무척 다른 것을 깨닫습니다. 우리 생각에는 살아남는 자가 이기는 것이지만, 주님은 죽음으로 살아남은 자들을 부끄럽게 하십니다. 우리 판단에는 많이 차지한 자가 승리한 것 같지만, 주님은 다 주심으로 너무 많이 가진 자들의 손을 부끄럽게 하십니다. 젊은 사람이 한창 바쁠 때 누워 있어서 맘이 무척 불편했는데, 주께서 저를 위로하시는 것 같습니다. 가난한 목사에게 주시는 주님의 부활절 보너스인가 봅니다.

하나님이 나를 장악하시면

일이 벌어질 때는 정신을 못 차릴 정도로 혹독합니다. 다음 주에 이사를 하여야 합니다. 개학이 목전이라 신학기 준비도 해야 합니다. 이달 말까지 끝내야 할 논문이 한 편 남아 있습니다. 3월 첫 월요일에는 한 기독교 단체에서 5시간 동안 특강을 해야 합니다. 그 다음 날에는 오순절 관련 번역 프로젝트를 위해 학계와 교계의 큰 분들을 만나 브리핑을 해야 합니다. 어느 것 하나 쉽고 간단한 일이 없습니다. 그 일의 양과 무게에 질려 현기증이 날 지경입니다. 이것이 저의 버거운 현실입니다.

그러나 우리의 눈에 하나님이 크게 보일 때, 하나님께서 우리의 마음을 장악하실 때, 우리를 둘러싼 세상은 상대적으로 작아 보입니다. 하나님의 영에 붙들린 다윗에게 거인 골리앗은 결코 두려움의 대상이 아니었던 것처럼 말입니다. 그러나 하나님 대신 세상이 우리를 장악할 때, 하나님의 은혜 대신 세상의 도전이 우리의 마음을 억누를 때, 우리는 순식간에 위축되고 기가 질립니다. 자신감도 상실합니다. 마음은 좌불안석, 삶은 우왕좌왕 하게 됩니다.

새벽에 기도를 드리던 중, 하나님께 도움을 구했습니다. 저를 붙들어 달라고, 저를 완전히 장악해 달라고, 하나님이 제 삶의 전부가 되어 달라고, 저를 홀로 내버려 두지 말라고 말입니다. 기도가 진행되면서 그분의 영이 제 안에 스며드시는 것을 느낄 수 있었습니다. 제 안에 그분이 가득해지는 것 같았습니다. 그러면서 슬그머니 근심 대신 자신감이 솟고, 걱정 대신 기대감이, 부담되신 흥분이 일기 시작했습니다. "죽겠다!"는 낙담보다 "그래, 한번 해보자!"는 의욕이 생겼습니다. 감사의 눈물이 흘러내렸습니다. 은혜였습니다.

주님은 우리의 피난처이고, 우리 몸은 성령의 전입니다. 따라서 성령이 우리 안에 충만할 때, 우리가 성령을 의지할 때, 우리는 삶의 치열한 전투에서 당당히 싸울 용기와 힘을 얻습니다. 우리의 대장 되신 주님께서 우리 뒤에 든든히 버티고 계심을 또렷이 기억할 때, 어떤 유혹과 도전 앞에서도 쉽게 물러나거나 허물어지지 않을 것입니다. 오늘 여러분에게 이 은혜가 충만하길 바랍니다.

누가 진정한 부자일까요?

한 부자 청년이 예수님을 찾아왔습니다. 구원의 도를 들으려고 말입니다. 예수님은 그에게 율법을 지켰느냐고 물었습니다. 그는 자신 있는 목소리로 "예, 그렇습니다"라고 대답했습니다. 그의 얼굴에는 정답을 말한 학생처럼, 의기양양한 회심의 미소가 떠올랐습니다. 주님께서 그의 돈독한 신앙을 칭찬하셨습니다. 이어서 주님께서 그에게 가진 재산을 가난한 자들에게 나누어주고 자신을 따르라 명하셨습니다. 순간 그의 얼굴이 창백해졌습니다. 그는 슬그머니 그 자리를 떠났습니다.

예수님의 비유 중, 부자와 거지 나사로의 이야기가 있습니다. 거지 나사로는 부자의 집 앞에서 굶어 죽었습니다. 곡식이 넘쳐나는 거대한 창고를 갖고 있던 부잣집 앞마당에서 거지는 먹을 것이 없어 객사한 것입니다. 주님께서 이 장면에서 나사로와 부자의 믿음을 문제 삼지 않으셨습니다. 다만, 불쌍한 나사로는 아브라함의 품에 안겼고, 무심한 부자는 지옥에 떨어졌습니다. 주님께서 그들의 운명을 그렇게 결정지으셨습니다.

오늘 포털사이트 Daum에 소개된 한 할머니의 이야기를 읽었습니다. 올해 82세인 김춘희 할머니는 국민기초생활보호수급대상자로서, 전세금 1,500만 원의 옥탑방에 혼자 사십니다. 해방 후 이북에서 홀로 남하하신 할머니는 평생을 생선이나 떡 행상을 하며 가난하게 사셨습니다. 그러나 그분은 6.25 직후 10년간 고아들을 돌보아 왔고, 장애인 단체에서 꾸준히 봉사활동을 해오셨습니다. 그런 할머니께서 정부에서 받는 보조금과 다른 분들이 보내주는 후원금을 아끼고 아껴서 500만 원을 불우이웃을 위해 기부하셨습니다. 할머니는 2006년에도 300만 원을 기부하셨고, 자신이 지금 사는 집의 전세금도 사후에 모두 기부하기로 이미 어느 기관에 약정하셨답니다.

누가 진정한 부자일까 생각해 봅니다. 큰 재산을 가졌으나 오히려 그 재산 때문에 주님의 제자가 되지 못하고, 엄청난 곡식 창고를 갖고 있으면서도 문 앞에서 거지가 굶어 죽도록 내버려둔다면, 그 재산은 오히려 저주의 원인이 될 것입니다. 반면, 김춘희 할머니처럼 가진 것은 넉넉하지 않아도 큰마음으로 그 물질을 나누니, 마치 오병이어의 기적처럼, 모두를 넉넉하고 행복하게 만드는 사람들이 있습니다. 진정한 부자들입니다. 이 겨울에 우리 주변에 그런 부자들이 많아졌으면 좋겠습니다. 그럼, 이 겨울이 참 따뜻할 것입니다.

가난이 전해준 축복

요즘처럼 '가난'에 대해 몸으로 생각해 본 적이 있었을까요? 탄방동이라는 대전의 제법 살 만한 동네에서 목회하며 느끼는 상대적 박탈감 때문일까요? 골리앗처럼 우뚝 솟아 있는 대형교회들 틈바구니에서 생존을 위해 분투하는 작은 개척교회가 겪는 초라한 열등감 때문일까요? 아니면 하나같이 가난하고 어려운 삶을 살아가는 우리 교회 가족들을 바라보며 나도 모르게 들어버린 주눅일까요? 그런 면도 없지 않지만, 꼭 그런 것만은 아닙니다.

오히려 가난하고, 작고, 소박하기 때문에 발견하는 신비한 은혜들 때문에 그렇습니다. 사업상 억울하게 큰 손해를 보게 되신 집사님이 기도하며 그 아픔을 감사와 용서의 은혜로 승화시켜나가는 모습을 보았습니다. 저희 교회에 나와서 신앙적 혼란기를 겪게 된 청년이 그 혼란을 기도와 봉사를 통해, 하나하나 실타래를 풀어가는 모습을 봅니다. 분명히 처한 현실은 냉혹하고 손에 쥔 것은 없지만, 분명 그들의 영혼은 점점 더 풍성하고 윤택해지고 있습니다.

신학교에 함께 입학했던 여자 집사님이 계셨습니다. 45세란 늦은 나이에 신학교에 입학한 화가셨습니다. 그런데 그분은 심장이 너무 약해서, 걸음을 빨리 걷지 못하셨습니다. 어느 날 학교 언덕길을 힘들게 천천히 오르시는 그분을 뵈었습니다. 곁에 다가가 "힘드시죠?"라고 조심스럽게 여쭈었습니다. 그분의 대답은 이러했습니다. "네, 그러나 천천히 걸으니 땅에 핀 작은 꽃들이 보여요. 아주 예쁘네요."

분명, 우리가 겪는 물질적 빈곤은 마음을 초라하게 하고, 영혼에 상처를 입히고, 삶을 불편하게 만듭니다. 그러나 가난하기 때문에 얻는 축복도 존재합니다. 부유한 사람, 안락한 사람, 풍성한 사람은 결코 누릴 수 없는 축복 말입니다. 너무 건강해서 총알같이 언덕을 오르는 청년에겐 그 길가에 핀 작은 들꽃의 아름다움이 결코 눈에 들어오지 않지요. 가난하기 때문에 누리는 거룩한 축복, 여러분의 것이 되길 기원합니다.

귀향과 귀천

설 명절 연휴를 보냈습니다. 선물 꾸러미를 한 아름 안고 고향을 찾는 발걸음들이 전국의 길들을 가득 메웠습니다. 반가운 얼굴들, 그리운 기억들을 다시 만난다는 사실만으로도 설은 우리에게 행복입니다. 화요일 밤, 인천으로 올라갈 때, 경부선 하행선을 가득 메운 환한 불빛들을 보면서, 몸은 길 위에 있으나 마음은 벌써 고향집 마당을 들어서는 우리 이웃들의 환한 웃음을 떠올릴 수 있었습니다. 그래서 저도 덩달아 가슴이 설레고 흥이 났습니다. 우리에게 고향은, 그리고 그 고향을 삶의 중심에 되돌려주는 명절은 참으로 소중합니다.

신앙의 눈으로 명절을 보면, 마치 우리의 인생은 들뜬 가슴으로 고향을 향해 떠나는 명절 귀성길 같습니다. 길이 멀 수도 있습니다. 마음 같아서는 한걸음에 달려가고 싶은데 고향까지 가는 길이 한참 멉니다. 또 길이 막혀 답답하고 짜증이 날 수도 있습니다. 길이 멀더라도 그 길이 한산하면 마음만은 넉넉할 텐데, 더딘 발걸음이 마음을 자꾸 조급하게 만듭니다. 그러나 궁극적으로 그 걸음이 고향 가는 길임을 기억한다면, 그 먼 거리, 그 답답한 속도도 너끈히 견딜 수 있습니다. 천성을 향해 가는 길이 멀고 속도가 느려도, 결국 우리의 아버지 하나님을 뵈러 가는 길이요, 본향인 천국으로 돌아가는 길이기에, 기꺼이 참을 수 있지요. 아니 그 길과 발걸음 자체가 즐거움이요 행복이 아닐까요?

우리가 일 년에 몇 번씩 민족 대이동을 반복할 때마다, 천성을 향한 우리의 여정을 기억할 수 있으면 좋겠습니다. "나 하늘로 돌아가 리라 아름다운 이 세상 소풍 끝내는 날 가서, 아름다웠 다더라고 말하리라"고 노래했던 시인 천상병처럼, 고향의 아버지 품으로 돌아가는 발걸음이 흥겹고 가벼웠으면 좋겠습니다. 그래서 우리 삶의 현실이 설령 어둡고 무거울지라도, 그 어둠을 뚫고 당당하게 걸어 가는 성도의 마음과 발걸음이 밝고 흥겨우면 좋겠습니다.

인격적 친밀함, 그것은 정녕 하늘의 축복입니다 ✿✿

저는 지난주에 딸들과 데이트를 했습니다. 사흘 동안 매일 한 명씩, 아침식사를 같이하면서, 아이들과 대화의 시간을 가졌습니다. 그리고 서점에 데리고 가서 책을 한 권씩 사주었습니다. 아침마다 곤히 자는 녀석들을 한 명씩 깨워 데리고 나갔는데, 아직 졸음이 얼굴에 가득했지만, "아빠와 데이트하자"는 말에 벌떡 일어나 씩씩하게 따라나섰습니다. 아이들이 아빠와 일대일 데이트를 한 것은 처음 있는 일이었습니다. 아빠를 독점한 아이들은 쉬지 않고 신명 나게 떠들었습니다. 아침식사와 책 선물 때문에 지갑은 좀 얇아졌지만, 서로 사랑을 확인할 수 있는 소중하고 행복한 시간이었습니다.

성경을 읽어보면, 예수님도 당신의 사람들과 개인적 데이트를 하신 이야기가 많이 나옵니다. 늘 바쁜 일정으로 분주하셨고, 또 많은 사람에 둘러싸여 계셨지만, 성경을 꼼꼼히 읽어보면 뜻밖에 예수님은 많은 사람과 일대일 만남을 자주 가지셨습니다. 갈릴리 호숫가에서 베드로를 만나 '사람을 낚는 어부'로 초대하셨고, 유대 관원 니고데모와 만나 "물과 성령으로 거듭나야 한다"고 일침을 놓으셨습니다. 또 야곱의 우물가에서 사마리아 여인을 만나, "영원히 마르지 않는 생수를 마시라"고 권면 하셨고, 부자 청년을 만나, "부자가 천국에 들어가는 것이 낙타가 바늘귀를 통과하기보다 어렵다"는 충격적 선언을 하셨습니다.

아이들과 개인적 시간을 갖고 보니, 인격적 만남이 얼마나 소중한지 다시 한 번 깨닫게 되었습니다. 그러면서 주께서 우리와 인격적 관계를 맺으시고, 개인적으로 소중히 대하시는 것이 정녕 큰 은혜임을 깨닫습니다. 최후의 만찬 직후, 모든 제자의 발을 손수 닦아주셨던 모습이 오늘따라 가슴 깊이 큰 감동으로 다가옵니다. 그렇습니다. 주님을 통해 재창조된 우리의 삶은 이렇게 인격적 관계로 충만해야 합니다. 주님과 우리의 관계도, 우리 가족들 간의 관계도, 그리고 교우들 간의 관계도 개인적이고, 친밀하며, 소중해야 합니다. 오직 그런 관계 속에서 우리는 믿음, 소망, 사랑의 참맛을 제대로 체험할 수 있을 것입니다. 인격적 친밀함, 그것은 정녕 하늘의 축복입니다.

선종을 향하여!

김수환 추기경께서 세상을 떠나셨습니다. 그의 죽음을 가톨릭에서는 '선종' 善終이라고 부르더군요. 선종의 뜻을 찾아보니, '선생복종'의 줄임 말로 "착하게 살다가 복되고 거룩한 죽음을 맞이했다"는 뜻이라고 합니다. 그는 한국의 가톨릭교회를 40여 년간 탁월하게 이끌었을 뿐만 아니라, 국가적으로 암울했던 시절, '민족의 양심'으로 무거운 책임을 다했습니다. 험한 세월을 착하게 살았고, 이제 그 주어진 생을 다했으니, 그의 죽음은 정녕 선종입니다.

민중신학자 안병무 박사는 "사람에게 중요한 것은 '어떻게 태어났는가?'가 아니라, '어떻게 죽는가?' 이다"라고 주장한 적이 있습니다. 출생은 자신이 어떤 영향도 끼칠 수 없지만, 죽음은 그렇지 않다는 것입니다. 한 사람의 가치는 수동적 탄생이 아닌, 능동적 삶의 결과로 주어진 죽음에 의해 결정되므로, 생일잔치보다 추모식이 더 중요하다고 말했습니다. 다소 과격하지만, 그의 말 속에는 삶과 죽음에 대한 깊은 통찰이 담겨 있습니다.

예수님의 생애를 떠올려 봅니다. 그의 탄생은 초라했습니다. 성장도 평범했습니다. 집안도, 교육도, 직업도 특별한 것이 없었습니다. 하지만, 생애 마지막 3년은 '기적'이었습니다. 지옥 같던 현실에 천국을 세웠습니다. 죽음의 심장 골고다에 생명의 십자가를 박았습니다. 저주의 아우성 속에 용서를 선언했습니다. 그렇게 하늘의 뜻이 이 땅에 이루어졌습니다. 그의 죽음을 집행했던 로마군인은 "그는 진실로 하나님의 아들이었도다"라고 고백했습니다. 진정한 '선종' 입니다.

이제 우리 차례입니다. 선종이 가톨릭교도의 전유물일 수 없습니다. 유명 신학자에게만 죽음이 남다른 것은 아닙니다. 예수의 삶과 죽음이 불가능의 신화로 처리되어도 안 됩니다. "십자가를 지고 나를 따르라!"는 부름이 어쩌면 '선종' 으로의 부름인지 모릅니다. 우리 모두를 향한 하늘의 부름 말입니다. "착하게 살다가, 복되고 거룩한 죽음을 맞이하는 것." 정녕, 우리가 추구해야 할 숭고한 '폿대' 입니다. 우리 그렇게 살다 갑시다. "선종"을 향하여!

사순절을 주님처럼

사순절을 지나고 있습니다. 골고다의 십자가 처형과 삼일 후 극적인 부활에서 절정에 이르는 40일간의 거룩한 여정입니다. 젊고 건강한 이들에게는 하루하루가 수도꼭지에서 무한정 쏟아지는 물처럼 흔하고 평범한 것 같지만, 예수님에게 사순절은 이 땅의 마지막 시간이었습니다. 얼마 남지 않은 시간 동안 그분은 자신에게 주어진 하늘의 사명을 완수하기 위해 숨 가쁜 순간들을 보냈습니다. 겟세마네 동산에서 기도할 때, 그의 땀이 피가 되었다는 성경의 기록은 그분이 살았던 마지막 시간의 농도를 짐작하게 합니다.

예수님이 골고다에 이르기까지의 숨이 가쁜 여정 속에는 여러 사건이 뒤섞여 있었습니다. 그 여정에서 드러난 그분의 행적은 저의 가슴을 계속 두드리며, 그를 따르는 삶의 의미를 근원적으로 되묻게 합니다. 왜냐하면, 예수님은 자신에게 남은 마지막 시간을 사랑과 용서를 위해 온전히 사용하셨기 때문입니다. 제자들과 마지막 식사를 함께하고, 제자들의 발을 손수 닦고, 세상을 위해 십자가를 홀로 지며, 자신을 저주하는 자들을 용서하고, 강도에게 낙원을 약속하고, 어머니를 제자에게 부탁하는 모습에서, 우리는 죽음의 시간을 사랑의 영원으로 역전시키는 하늘의 기적을 봅니다.

사람을 이해하고 용서하고 사랑하는 것이 참으로 어려운 일임을 새삼 절감하며 한 주간을 보냈습니다. 저의 기준으로 이해할 수 없는 모습을 보며 답답해서 죽는 줄 알았습니다. 쉽게 용서할 수 없어서, 번민과 갈등의 밤을 보냈습니다. 더는 덮어주고 기다리고 용납할 수 없다는 생각에, 마음이 진정되지 않아 많이 고생했습니다. 그러던 와중에 주님의 모습이 떠올랐습니다. "이해할 수 없을 때, 기도하라" "용서할 수 없을 때, 축복하라" "사랑할 수 없을 때, 십자가를 바라보라"는 말씀을 마음으로 들었습니다. 마침내 성령께서 얼어붙은 마음을 녹이셨습니다. 은혜입니다. "주님, 이 사순절에 저도 주님처럼 사랑하게 하옵소서. 주님처럼 울게 하옵소서. 주님처럼…"

자, 파이팅!!! ❋❋

지난 설날에 처가댁에서 훌라후프 시합이 있었습니다. 명절에 모인 가족들에게 장인어른께서 상금을 내놓으시고, '가족대항 훌라후프 대회'를 개최하신 것입니다. 상금에 '눈이 먼' 우리는 월드컵의 열기를 능가하는 긴장과 흥분 속에 대회를 치렀습니다. 그런데 그날 대회에 참가한 사람 중에서 저만 훌라후프를 2번밖에 못 돌렸습니다. 모두 프로 수준으로 멋지게 돌렸는데, 유독 저만 둔한 몸을 몇 번 흔들다 훌라후프를 떨어뜨려 '대망신'을 당한 것입니다.

사실 그날 훌라후프 대회는 자꾸만 뚱뚱해져 가는 사위들을, 특히 막내 사위인 저를 위해 장인께서 마련하신 행사였습니다. 장인께서 지난 가을에 이번 대회를 발표하시면서, 각자 집에서 준비하도록 '명령'을 내리셨습니다. 저도 부담을 느끼고 집에서 몇 번 시도해 보았으나, 도무지 감을 잡을 수 없었습니다. 아내가 여러 차례 '조교의 시범'을 보이며 가르쳤지만, 소용이 없었습니다. 그래서 저는 일찍 포기해 버렸습니다. 그날도 한 명쯤은 웃기는 사람이 있어야 한다는 심정으로 '한바탕 쇼' 하고 내려왔습니다.

그런데 명절을 끝내고 집에 돌아왔는데, 슬그머니 오기가 생기더군요. 당장 아내를 재촉하여 훌라후프를 하나 샀습니다. 그리고 아침저녁으로 훌라후프를 돌렸습니다. 번번이 몇 번 돌지 못하고 땅에 떨어졌지만, 이번에는 포기하지 않았습니다. 가족들도 나서서 '아빠에게 훌라후프 가르치기 프로젝트'에 동참했습니다. 가족들의 응원을 받으며, 저는 쉬지 않고 훌라후프를 돌리고 엉덩이를 흔들었습니다. 그러던 어느 날, 제 몸에서 그 무거운 훌라후프가 멋진 원을 그리며 돌기 시작했습니다. 드디어 제가 해낸 것입니다. 와우!!!

돌이켜보니, 예전에는 할 수 없었으나 지금은 능숙하게 혹은 당당하게 하는 일들이 제게 많더군요. 수영, 운전, 컴퓨터, 영어, 박사학위, 저술 그리고 목회. 모두다 저에게는 불가능해 보였던 일입니다. 그러나 어느 순간에 용기를 내어 시도했습니다. 무모했기 때문에 수많은 실패와 좌절을 겪었습니다. 수없이 포기하고 싶었습니다. 하지만, 어느 틈엔가 저는 그 일들을 익혔습니다. 시도하지 않았다면 꿈도 꿀 수 없었던 일들입니다. 성도 여러분, 꿈을 꾸세요. 도전하세요. 아무리 작고 사소한 것이라도, 여러분이 시도하지 않으면 '꿈'일 뿐입니다. 반면, 아무리 엄청나고 불가능한 것도, 여러분이 도전하면 '현실'이 됩니다. 자, 파이팅!!!

세상을 바꾸는 도전

지난주에는 야구 국가대표팀이 WBC 대회에서 준우승한 이야기가 국가적 화제가 되었습니다. 대회에 참가한 팀 중 약체에 속했던 우리 팀이 모두의 예상을 뒤엎고 역대 최고의 성적을 올렸습니다. 비록 결승전에서 일본에 졌지만, 정말 오랜만에 본 명승부였습니다. 경기를 지켜본 모든 사람에게 진한 감동을 안겨준, 한 편의 드라마였습니다. 경기는 지고 우승컵은 놓쳤지만, 우리는 또 하나의 신화가 탄생하는 역사의 순간을 경험했습니다. 저의 가슴이 요동쳤습니다. 참 행복했습니다.

오늘은 김연아 선수가 세계피겨스케이팅대회에서 세계신기록을 세우며 1위를 차지했습니다. 오랫동안 부상에 시달리며 번번이 우승을 놓쳤었지요. 하지만, 이번 대회에는 최고의 조건으로 참가하여 완벽한 연기를 보여주었습니다. 그녀의 카리스마 넘치는 연기와 가슴에서 뿜어 나오는 열정, 그리고 정말 '교과서적인 기술' 앞에서 관객은 탄성을 질렀습니다. 피겨스케이팅의 불모지인 한국출신의 작고 어린 소녀가 다시 한 번 세계를 경악시키는 순간이었습니다. 저의 가슴이 울렁거렸습니다. 참 감동적이었습니다.

아침에 아이들과 광장에 자전거를 타러 갔습니다. 이번에는 둘째 아이에게 자전거를 가르치는 것이 일차 목적이었습니다. 지난달에 조금 가능성이 보였지만, 시간이 부족해서 마무리하지 못했었지요. 녀석에게 적당한 자전거를 대여해서, 다시 한 번 도전했습니다. 저는 아이의 자전거 뒤를 붙잡고 고함을 치면서, 매우 요란스럽게 코치를 했습니다. 결국, 아이는 아빠에게 보란 듯이 멋지게 페달을 밟으며 자전거를 탔습니다. "아!" 감탄사가 절로 나왔습니다. 저의 가슴이 뛰었습니다. 참 신기했습니다.

일등을 하는 것이 항상 정답은 아닙니다. 세계 최고가 되는 것이 전부는 아닙니다. 우리 야구팀이 일등을 하지 못했지만, 그들이 보여준 '드라마' 같은 경기 자체가 우리에게는 무한한 감동이었습니다. 김연아의 일등이 더욱 감동적인 이유는 그가 '피겨 불모지 한국' 출신이기 때문입니다. 심지어 우리는 꼬마가 자전거를 타는 모습에서도 감동의 눈물을 흘립니다. 불가능한 현실에서 용감하게 도전했기 때문입니다. 승패와 상관없이, 비겁하게 물러서지 않았기 때문입니다. 그래서 용감한 도전은 언제나 아름답습니다. 세상을 바꾸는 도전입니다.

우리의 믿음

제자들이 배를 타고 강을 건넙니다. 배도 튼튼하고 함께하는 동지들도 있습니다. 그래서 즐겁고 안전한 여행입니다. 그런데 갑자기 날씨가 변합니다. 바람이 거세지고 비가 내리며, 파도가 높아집니다. 안전하고 즐거웠던 여행은 순식간에 공포와 위기의 현장으로 돌변합니다. 제자들은 긴장합니다. 어떤 이는 온 힘을 다해 배를 붙들고, 어떤 이들은 정신없이 물을 퍼냅니다. 어떤 이들은 능숙한 솜씨로 노를 젓습니다. 그러나 배는 거친 폭풍우 앞에서 종이배처럼 흔들립니다. 제자들은 점점 지치고 겁에 질립니다. 배는 더욱 거세게 흔들립니다.

그들은 배의 고물에서 주무시고 계신 예수님을 발견합니다. 이 험하고 정신없는 상황에서 예수님은 마치 요람에 누워 있는 어린아이처럼, 곤히 잠들어 있습니다. 흥분한 제자들이 거칠게 예수님을 깨웁니다. 원망에 가득 찬 목소리로 예수님께 하소연합니다. 어떻게 이런 상황에서 편히 잠을 잘 수 있느냐고, 어떻게 자신들의 곤궁을 모른 체할 수 있느냐고 말입니다. 그들을 말없이 바라보던 예수님께서 말씀하십니다. "왜, 이렇게 믿음이 없느냐?" 그리고 일어나 거친 파도를 향해 외칩니다. "잠잠하라!" 모든 것이 정리됩니다. 폭풍우도 가라앉고, 제자들도 죽음의 공포에서 벗어납니다. 평안과 행복 속에 항해는 지속합니다.

    이 이야기를 성경에서 읽으면서, 다시 한 번 우리의 신앙을 되돌아보게 됩니다. 우리의 삶은 배를 타고 바다를 항해하는 것과 같기 때문입니다. 무사히 강을 건너려고 우리는 튼튼한 배를 구합니다. 유능한 선장을 찾습니다. 그리고 여행에 함께할 동지들을 모읍니다. 보험에도 가입하겠지요. 아무튼, 우리는 그렇게 안전하고 즐거운 여행을 위해 우리가 할 수 있는 모든 조처를 합니다. 그러나 어김없이 그 여행을 가로막는 장애물이 튀어나옵니다. 무서운 폭풍우처럼 말이지요. 질병, 갈등, 파산, 실업, 상처, 재난, 전쟁, 사고 등등. 위기를 벗어나려고 몸부림을 칩니다. 미친 사람처럼 정신없이 뛰어다닙니다. 그러나…

    오직 그렇게 막다른 골목에 몰렸을 때, 오직 그런 한계상황에 도달했을 때, 비로소 우리는 주님이 우리와 함께 있었다는 사실을 떠올립니다. 우리가 의지했던 모든 것이 물거품처럼 사라지고, 우리가 믿었던 사람들이 아무런 도움도 주지 못했으며, 우리가 할 수 있는 모든 방법이 수포로 돌아간 후에야, 우리는 비로소 주님께 달려갑니다. 그리고 그분께 온갖 원망과 불평을 쏟아놓습니다. 왜 가만히 보고만 있느냐고, 왜 우리에게 이런 시험을 허락했느냐고. 주님이 우리를 불쌍한 눈으로 바라보시며 말씀하십니다. "왜, 그토록 믿음이 없느냐?" 그리고 우리를 뒤흔든 삶의 폭풍우를 향해 외칩니다. "잠잠 하라." 믿음 없는 우리의 삶입니다.

우리 몸에 주님의 흔적을 소망하며

매일 새벽 예배를 드리며, 함께 모인 교우들과 다짐합니다. "주님, 오늘 하루도 당신과 동행하게 하옵소서." 정말, 매 순간 주님과 동행하고 싶습니다. 주님을 마음으로 느끼고, 주님의 눈으로 세상을 바라보며, 주님처럼 행동하고 싶습니다. 그래서 세월이 흐르면서 서로 닮는 부부처럼, 저도 주님을 많이 닮고 싶습니다. 하지만, 예배당을 나서는 순간부터, 정신없이 돌아가는 하루의 일과 속에서, 어느덧 주님은 저의 의식 밖으로 밀려납니다. 어떻게 살았는지도 모르게 하루가 정신없이 지납니다. 그렇게 다짐과 망각이 정해진 프로그램처럼 매일 정확히 반복됩니다.

나이가 40을 넘으면서 마음이 부쩍 조급해집니다. 공자의 말에 따르면 40세는 불혹不惑이라고 했지요. 유혹에 흔들리지 않는다는 뜻이 아닙니까? 그렇게 되길 소망했고, 또 그렇게 될 줄 알았습니다. 하지만, 40이 지난 지금, 저는 공자의 말처럼 되지 못했습니다. 이런저런 유혹 앞에 너무 무기력합니다. 좌로나 우로나 치우치지 말라는 성경의 말씀과는 달리, 저의 행보는 늘 술 취한 사람처럼 비틀거립니다. 끝없는 선택의 갈림

길에서 어처구니없는 오판을 반복합니다. 불혹은 고사하고 유혹을 달고 사는 '혹부리영감' 같습니다.

　　머리 둘 곳조차 없었고, 고향에서 버림받은 가난하고 외로운 존재였지만, 하나님을 아버지로 모시며 빈부의 범주를 초월했던 주님. 제자들의 배반, 사람들의 음해, 공권력의 횡포 등으로 억울한 죽음에 직면했지만, 하나님에 대한 신뢰와 사람들에 대한 사랑을 끝까지 포기하지 않았던 주님. 육체의 고통, 마음의 상처, 영혼의 죽음을 경험했지만, 자신이 가야 할 길에서 한 발자국도 이탈하지 않았던 주님. 그 고통, 그 상처, 그 죽음을 거부하고 회피할 수많은 기회에도, 한마디 투정이나 변명 없이, 묵묵히 골고다의 십자가에 오르신 주님.

　　그 주님의 뒤를 따르는 것이 '제자의 도' 이겠지요. 그 주님과 삶을 공유하는 것이 '신자의 삶' 이겠지요. 그 주님을 닮아가는 것이 '성도의 꿈' 이겠지요. 작은 노비 앞에서도 주님을 부인했던 '인간 베드로' 가 수천 명의 사람 앞에서 주님을 메시아로 선포하는 '사도 베드로' 로 변한 축복이 우리에게도 임했으면 좋겠습니다. 얼떨결에 주님의 부르심에 따라나섰고, 그 여정에서 수많은 시행착오와 오류를 범했지만, 종국에는 주님을 많이 닮은 참다운 제자, 신자, 성도가 되길 원합니다. 지금 이 모습이 우리의 마지막 모습이 아니길 소망합니다. 엉성하고 아둔하지만, 제발 조금씩 우리 몸에도 예수의 흔적을 갖게 되길 바랍니다.

밤에 빛나는 붉은 십자가

지금 밖에는 어둠이 짙게 내렸습니다. 교회의 붉은 십자가가 창문을 통해 방을 비추고 있습니다. 순간적으로 내 방이 거룩한 성소처럼, 신성해지는 것 같습니다. 조금 전까지 가족들과 TV를 시청하며 편히 쉬고 있었습니다. 지극히 편한 복장과 자세로 드라마를 보며 웃고 떠들었습니다. 그런데 안방으로 들어와 책상 앞에 앉는 순간, 밤하늘에 빛나는 붉은 십자가를 본 것입니다. 바로 그 순간, 이 공간과 시간, 이 순간의 저 자신이 전혀 다른 존재로 변화되는 느낌이 듭니다. 물리적으로는 여전히 같지만, 영적으로는 전혀 다른 존재가 되는 경험 말입니다.

십자가는 이런 신비의 능력을 지닌 듯합니다. 사실, 십자가는 변화의 근원적 동력입니다. 십자가가 있는 공간, 십자가를 바라본 순간, 그리고 십자가를 경험한 사람 모두, 십자가를 통해 다른 차원의 삶을 경험합니다. 예수를 매달았던 십자가는 더는 무서운 '처형의 도구'가 아니라, 우리를 향한 하나님의 사랑을 확증하는 '은혜의 도구'로 변했습니다. 예수가 십자가를 지고 골고다를 오른 시간은 더는 치욕스런 '죽음의 순간'이 아니라, 죽음 한복판에서 생명이 용솟음치는 구원의 순간이었습니다.

육신의 안전을 위해 스승을 부인하고 사명을 포기했던 베드로는 십자가에 거꾸로 달려 죽음으로, 마침내 제자의 도를 다하고 맡긴 사명을 완수했습니다. 자신의 의지와 상관없이 예수의 십자가를 대신 짊어졌던 구레네 사람 시몬은 그날의 경험을 통해 무명의 이방인에서 거룩한 하나님의 사람으로 거듭났습니다. 죽음의 불안 앞에 절망하던 마르틴 루터는 십자가에서 죄인을 위해 하늘의 영광을 포기한 '하나님의 스캔들'을 발견하고 종교개혁의 깃발을 높이 들었습니다. 십자가 위에 걸린 햇빛을 보았던 청년 윤동주는 "모가지를 드리우고 꽃처럼 우러나는 피를 흘리겠네"라고 노래했습니다.

때로는 너무 익숙한 것이 죄스러울 때가 있습니다. 때로는 너무 흔해서 마음 아플 때가 있습니다. 불행히도 오늘날 십자가가 그 지나친 익숙함과 흔함의 대상이 된 것만 같아, 하늘을 우러르기 부끄러울 때가 있습니다. 더는 우리 교회에 예수의 십자가는 없는 것 같아, 두려울 때가 있습니다. 더는 우리 삶 속에서 베드로, 시몬, 동주의 십자가를 체험할 수 없을 것 같아, 서러울 때가 있습니다. 이 밤에 대한민국 전역에서 붉게 빛나는 수많은 십자가가 다시 한번 하늘의 사랑, 예수의 생명, 베드로의 용기, 시몬의 축복, 그리고 윤동주의 결단으로 살아나길 기도합니다. 간절히….

사람을 통해 배웁니다

고등학교 동창을 만났습니다. 장로교 목사가 되어, 강남의 한 대형교회에서 오랫동안 부목사로 청년들을 섬겨온 주님의 신실한 일꾼입니다. 7월 초에 선교사역을 위해 아프리

카 모잠비크로 떠난다는 말을 들었습니다. 대학에서 전공했던 농경제학을 토대로 아프리카인들에게 농업을 가르치며, 그 땅에 복음과 만나를 함께 나누어주고 싶다는 계획도 들었습니다. 강남의 안락하고 보장된 자리를 포기하고, 40이 넘은 나이에 가족들과 함께 고생이 보장된 아프리카로 떠나는 그를 보며 인간적인 한숨과 함께 깊은 신앙적 도전을 받았습니다.

신학대학 교수인 친구 목사가 매달 자신이 만든 잡지를 보내줍니다. 그는 지난 10년 동안 대학에서 박사학위를 받았고, 교회를 개척하여 성공적 목회를 해 왔으며, 연구소와 선교단체를 설립하여 수많은 사람에게 강력한 영향을 끼치고 있습니다. 그 친구가 보내온 잡지를 통해, 그가 복음을 위해 얼마나 열정적으로 살아왔는지 생생하게 느낄 수 있었습니다. 어떻게 그토록 어려운 환경에서 그 많은 일을 감당할 수 있었을까? 어떻게 그렇게 열정으로, 그리고 탁월하게 사역할 수 있었을까? 큰 도전과 함께 심한 열등감을 느낄 수밖에 없었습니다.

국내 최초로 컴퓨터 바이러스 백신을 개발했던 안철수 교수가 출연한 방송을 보았습니다. 그는 의사에서 벤처기업사장으로, 학생에서 대학교수로 끊임없이 자기 변신을 해 왔습니다. 탁월한 실력과 성공적 삶 자체가 부러움의 대상일 수밖에 없습니다. 하지만, 군대에서조차 부하들에게 존댓말을 사용하고, 직원들에게 결코 화를 내지 않으며, 지식인으로서 사회에 대한 죄책감과 책임감을 함께 느끼고, 사적인 이익이 아니라 국민에 대한 책임감 속에 기업을 운영하며, 개인의 번영에 안주하지 않고 타인의 성공을 위해 헌신하는 그의 삶 앞에서 저는 고개를 숙이지 않을 수 없었습니다.

이런 큰 사람들을 보며 기가 죽었던 한 주간이었습니다. 나보다 뛰어난 인물들이 주변에 너무 많다는 생각에 열등감을 느낄 수밖에 없었던 나날이었습니다. 하지만, 큰 공부를 했던 한 주간이기도 했습니다. 어느새 시들어버린 내 안의 열정에 가슴 아파하고, 주어진 일에 감사하며 온 힘을 다하겠다고 다짐하며, 지도자의 성품과 비전의 중요성을 깊이 깨달은 은혜의 시간이었습니다. 한편으로 자신의 한계와 현실을 확인하는 고통의 순간이었지만, 다른 한편으로 냉철한 반성과 새로운 도전을 다짐했던 은혜의 기회였습니다. 日新又日新. 명심하겠습니다.

진정한 스타

마이클 잭슨이 죽었습니다. 한 시대를 풍미했던 대 스타의 심장이 멎었습니다. 그가 '빌리진'을 부르며 브레이크댄스를 출 때, 세계의 젊은이들이 열광했었습니다. 그는 새로 음반을 낼 때마다, 실험적 음악과 충격적 무용으로 세계 음악계를 강타했습니다. 제가 중학생이던 시절, 우리 반 녀석들이 '뒷걸음질 춤'을 추며 그를 흉내 내었습니다. 서로 자기가 더 마이클 잭슨을 닮았다고 핏대를 올리며, 그를 좀 더 비슷하게 흉내 내려고 몸살을 앓았습니다. 가히 그의 인기가 하늘을 찔러, 그를 숭배하는 종교집단까지 출현했다는 소식을 들은 적이 있습니다. 정말, 마이클 잭슨 시대였지요.

하지만, 그의 인기가 하늘에 닿고 팬들의 '사랑'이 '숭배'의 지경에 이르면서, 그는 서서히 변하기 시작했습니다. 아동 성추행사건으로 소송에 휘말리며 국제적 망신을 당했습니다. 끝없는 성형수술로 흑인이었던 그의 얼굴은 정체불명의 것으로 변했습니다. 성형의 후유증으로 밝은 빛을 볼 수 없는 지경에 이르렀다는 소문도 나돌았습니다. 그 많던 돈은 바닥이 나고 빚더미에 올랐다고 합니다. 그렇게 사람들의 의식 속에서 그에 대한 기억의 빛이 퇴색하고, 그에 대한 애정이 차갑게 냉각되던 어느 날, 심장마비로 그가 세상을 갑자기 떠난 것입니다. 참으로 허망하고 안타깝게 말입니다.

마이클 잭슨의 몰락을 지켜보며 여러 생각이 머리를 스칩니다. 사람의 명성이 영원할 수 없다는 자명한 진리가 그 첫째입니다. 영원히 만인의 우상일 줄 알았던 잭슨의 명성도 세월이 흐르면서 과거의 추억으로 남게 되었습니다. 인간의 생명을 인간이 어떻게 할 수 없다는 자연의 진리가 그 두 번째입니다. 돈과 의학으로 흑인의 얼굴을 백인의 얼굴로 바꾸고자 했으나, 그 돈과 의학이 한번 멈춘 그의 심장을 다시 뛰게 하지는 못했습니다. 인생의 마지막을 아름답게 보내는 것이 중요하다는 인생의 진리가 그 세 번째입니다. 젊은 시절 열심히 쌓아 올린 명성을 지키지 못하고, 추문과 비난 속에 쓸쓸히 생을 마감했습니다. 서럽고 아쉬운 인생입니다.

잭슨의 죽음은 우리에게 인생의 허망함을 일깨워줍니다. 흐르는 세월 앞에서 육체의 나이, 예술가의 명성, 심지어 의학 기술도 지극히 무능하고 허약합니다. 오늘도 제2의 마이클 잭슨이 되려고 몸부림치는 사람들, 그가 누렸던 세상의 환호, 화려한 조명, 엄청난 부를 꿈꾸는 사람들에게 잭슨의 죽음이 잠시 진지한 사색의 기회가 되어야 할 것입니다. 박수 소리는 덜 들어도, 조명은 별로 받지 못해도, 통장에 잔액은 거의 없어도, '하늘을 우러러 한 점 부끄럼 없이' 겸손하고 경건하게 사는 것이 진정한 '스타의 삶'이 아닐까요? 저는 그런 스타가 되고 싶습니다.

장마철에 주님을 생각합니다

장마철입니다. 지금도 어둠이 짙게 내린 밖에는 빗줄기가 제법 굵습니다. 어느 지역에서는 무섭게 내린 폭우 때문에 수해가 났다고 합니다. 다리가 끊어지고, 축대가 무너지고, 공사현장이 붕괴합니다. 물 폭탄 맞은 도로에서 교통사고가 끊이지 않고, 산에서는 등산객들이 조난을 당합니다. 온종일, 하늘은 먹구름으로 우중충하고, 습기가 많아 기분이 불쾌합니다. 해마다 돌아오는 장마철인데, 매번 같은 사고가 반복되고, 같은 고통이 되풀이됩니다. 아무리 대비하고 조심을 해도, 도를 넘게 내리는 빗줄기 앞에 그저 속수무책일 때가 잦습니다. 인간의 삶입니다.

사실, 지난 200년간 과학의 진보는 경이로웠습니다. 옛날에는 상상도 못했던 많은 일이 이제는 엄연한 현실이 되었습니다. 우주왕복선이 광활한 우주공간을 자유롭게 날아다닙니다. 발달한 의학은 못 고치는 병이 없는 듯합니다. 유전공학의 발달은 인간복제의 실현을 목전에 두고 있습니다. 놀라운 건축술은 바벨탑보다 높은 빌딩들로 도시를 가득 채웠습니다. 집집이 자동차가 있고, 아이들의 손에도 전화기가 들려 있습니다. 책상마다 컴퓨터가 놓여 있으며, 인터넷으로 세계가 하나가 되었습니다. 정말, 과학의 한계는 어디까지일까요? 마술 같은 과학이 지배하는 환상의 세상입니다.

그런데 마술보다 신비로운 21세기에, 과학으로 중무장한 기적 같은 세상에서, 여전히 인간은 굵은 빗줄기 앞에서 허망하게 정신 줄을 놓습니다. 첨단의 과학장비로 일기변화를 관측하고, 철옹성 같은 집과 장갑차 같은 자동차 안에 머물러 있어도, 퍼붓듯 쏟아지는 빗물에 집은 허물어지고 차들은 뒤집히고 맙니다. 바벨탑보다 더 높은 탑을 쌓고, 여리고 성보다 더 강성한 요새를 당당히 세웠던 과학의 위용은 천지를 뒤흔드는 자연의 위력 앞에 바벨탑처럼 허망하게, 여리고 성처럼 비참하게 허물어집니다. 화려한 조명 뒤에 숨겨진 과학의 어두운 실체입니다.

허기진 사람들을 위해 오병이어의 기적을 베푸신 주님. 폭풍우 속에 기진한 제자들을 위해 바다 위를 달려오신 주님. 고통에 울부짖는 거지 바디매오의 눈을 뜨게 하신 주님. 애통하는 사람들을 위해 나사로를 살려내신 주님. 이처럼 주님은 인간을 위해 자연법을 깨뜨렸습니다. 사랑을 위해 과학을 초월했습니다. 생명을 위해 기적이 되었습니다. 자연과 과학은 우리에게 생명과 함께 공포를 선물합니다. 하지만, 주님은 우리에게 생명과 사랑의 선물과 함께, 감사와 겸손을 가르칩니다. 그래서 우리는 자연 앞에 전율하고, 과학 앞에 감탄하나, 주님 앞에 예배합니다. 그분은 생명의 말씀입니다.

행복한 여정

　　　　　　　　새벽기도 시간에 '삭게오와 주님의 만남' 부분을 함께 읽었습니다. 수 없이 읽었던 말씀인데, 이번에는 매우 신선한 느낌이 들며 제 마음에 남았습니다. 주님을 보고 싶어 '뽕나무'에 올랐던 삭게오는 예수님을 통해 완전히 새로운 사람으로 변했습니다. 돈을 위해 민족마저 버렸던 그가 예수님을 만난 후, 돈을 버린 것입니다. 비열한 세리가 선량한 이웃으로 다시 태어난 것입니다. 무엇이 그런 변화를 가능케 했을까요? 우리는 삭게오의 변화 과정에서 나타난 예수님의 네 가지 행동을 발견할 수 있습니다.

　　먼저, 주님은 삭게오의 눈을 바라보았습니다. 낯선 사람의 눈을 똑바로 바라보는 것은 여간 어색하고 어려운 일이 아닙니다. 반면, 진정한 인간관계는 눈과 눈을 마주치는 순간부터 시작되지요. 마틴 부버의 표현대로, '나와 그것'의 관계에서, '나와 당신'의 관계로 발전합니다. 둘째, 주님은 삭게오의 이름을 불렀습니다. 상대의 이름을 불러줄 때, '남'이 '님'으로 변모됩니다. 시인 김춘수의 말처럼, "내가 그의 이름을 불러줄 때, 그는 내게로 와서 꽃이"됩니다. 셋째, 주님은 삭게오의 집을 방문했습니다. 허락받지 않은 손님은 '불청객'이요, 허락하지 않은 방문은 '가택침입'입니다. 따라서 집을 개방하는 것은 마음의 문을 여는 것의 다른 표현입니다. 끝으로, 주님은 삭게오와 식사를 함께했습니다. 우리는 함께 밥을 먹는 사람들을 '식구'라고 명명합니다. 함께 식탁에 앉음으로써, 우리는 생명을 공유하는 운명적 관계가 된 것입니다. 물론, 식구는 가족의 다른 말이지요. 결국, 주님은 철저히 남이었던 삭게오의 눈을 바라보고, 이름을 부르고, 집을 방문하고, 함께 식사를 함으로써, 삭게오를 가족으로 삼으셨습니다. 주님의 그 정情이 돌 같은 삭게오의 마음을 녹이고, 닫혔던 삶의 공간을 개방하고, 흉물스런 금고의 문을 열었습니다. 이제 그는 다른 사람이 되었습니다.

사실 우리가 바로 삭게오입니다. 돈을 위해 양심도 버렸지만, 주님을 보려고 매주 '뽕나무'에 오르기 때문입니다. 하나님과 재물을 함께 섬길 수 없음에도, 끊임없이 둘 사이에서 위험한 줄타기를 하기 때문입니다. 이 불안한 도박에서 탈출하는 유일한 길은 주님의 벗이 되어 그분과 '동행'하는 것입니다. 그분의 가족이 되는 것입니다. 서로 눈을 바라보고, 서로 이름을 부르고, 서로 공간을 공유하며, 함께 식사하는 관계로 사는 것입니다. 그렇게 주님과 함께 살다가, 어느 날 문득 천국의 문턱에 닿을 것입니다. 행복한 여정입니다.

말이냐 삶이냐, 그것이 문제로다!

어떤 면에서, 교회사는 '정통과 이단의 투쟁사'라고 할 수 있습니다. 교회가 이 땅에 존재한 순간부터, 교회는 정통과 이단 간의 피 튀기는 싸움판으로 변했습니다. 정통과 이단의 싸움은 "죽느냐 사느냐?"의 문제였습니다. '승자독식' 게임에서 정통은 모든 것을 얻고, 이단은 모든 것을 잃었습니다. 그래서 싸움은 치열했고 처절했습니다. 대부분은, 이단과 정통의 싸움은 '교리'와 관련이 있습니다. 기독론, 삼위일체론, 종말론 등과 같은 난해한 문제와 관련해서 수 없는 신학논쟁이 있었고, 교회는 정통과 이단으로 분열하고, 신학은 더욱 복잡해 졌습니다.

목사로서 가장 자주 받는 질문은 "천주교에도 구원이 있습니까?", "안식교도 이단입니까?", "신천지는 왜 이단입니까?" 등등입니다. 이 말에는 우리가 정통이고 그들은 이단인데, 우리와 그들이 혼동되면 안 된다는 생각이 담겨 있습니다. 신학을 좀 아는 사람들은 "알미니안주의는 이단이고 칼빈주의는 정통이 아닙니까?", "후천년설은 인본주의, 전천년설은 성경적이 아닙니까?", "성경 무오설이 정통교리이고, 성서비평학은 자유주의신학 아닙니까?"라고 유식한 질문을 던집니다. 그 말들 뒤에도 우리는 정통, "그것들은" 이단이란 확신이 강하게 작동하고 있습니다.

물론, 올바른 교리를 확립하고 보존하는 일은 대단히 중요합니다. 잘못된 교리와 신학이 얼마나 교회를 처참하게 타락시켰는지 우리는 익히 알고 있습니다. 반면, 올바른 교리와 신학은 교회가 이 땅의 빛과 소금이 되는데 결정적으로 중요한 역할을 합니다. 하지만, 올바른 교리를 지키는 것보다 더 중요한 것은 올바른 교리를 올바른 삶으로 실천, 증명하는 것입니다. 교리는 믿음의 씨앗이고, 삶은 믿음의 열매입니다. 따라서 씨앗이 진품이면, 당연히 그 열매도 진품이 될 것입니다. 우리가 목숨 걸고 지키는 '정통교리'가 진품이라면, 우리의 삶도 같게 진품이어야 마땅합니다.

그렇다면, 답은 명확합니다. "천주교에 구원이 있습니까?"란 질문을 던지기에 앞서, 내가 천주교인보다 더 나은 삶을 살고 있는가를 자신에게 물어야 합니다. 알미니안주의/칼빈주의, 후천년설/전천년설, 성서무오설/성서비평학의 진위를 신학적으로 따지기 전, 어떤 신학이 우리를 더 나은 그리스도인으로 만드느냐를 검토해야 합니다. 기독교에서 말이 중요하지만, 말보다 더 중요한 것은 삶입니다. 삶으로 증명되지 않는 말은 '헛소리'에 불과하고, 실천적 삶으로 표현되지 않는 교리/신학은 '말장난'에 불과합니다. 우리가 정말 정통이라고 주장하고 싶다면, 우리의 삶이 정통이어야 합니다.

한가위만 같았으면 좋겠습니다

밤과 낮으로 선선한 바람이 불고, 밤하늘에는 휘영청 보름달이 솟았습니다. 추석입니다. 고속도로를 길거리 주차장으로 만들면서도, 고향을 향해 달려가는 발걸음은 마냥 즐겁습니다. 쪼들리는 생활이지만, 가족을 위해 정성껏 선물을 준비하고, 함께 음식을 준비하는 손길에 행복한 웃음이 연방 폭발합니다. 아이들의 깔깔거리는 소리가 골목길을 가로지르고, 어른들의 얼굴에는 모처럼 여유와 만족의 미소가 가득합니다. 보고 싶은 얼굴, 풍성한 음식, 넉넉한 마음, 정말 한가위입니다.

한가위 밤에 떠오르는 보름달을 보며, "이번 추석에는 우리의 마음이 보름달 같았으면 얼마나 좋을까!" 소망해 봅니다. 보름달은 둥그렇습니다. 모난 구석이 없습니다. 빈틈이 없습니다. 마음 좋은 시골 아주머니의 넉넉한 얼굴 같습니다. 돌아보니, 한 해 동안 모질게 살았던 것 같습니다. 돈, 사람, 교회 때문에, 가슴에 구멍이 뚫렸습니다. 성질 부리고, 한숨짓고, 몸부림치다 보니, 말 속에 가시가 돋치고 눈초리가 많이 올라갔습니다. 그러나 그렇게 뒤틀렸던 우리의 얼굴, 마음, 관계가 이제는 둥근 달이 되었으면 좋겠습니다. 용서하고 품으면서 말입니다.

한가위 아침에 불어오는 선선한 바람을 느끼며, "이번 추석에는 우리의 믿음이 성령의 바람으로 가득하면 얼마나 좋을까!" 생각해 봅니다. 신선한 바람은 우리를 기분 좋게 만듭니다. 답답한 가슴에 숨통을 트이고, 무거운 머리에 새 기운을 불어 넣습니다. 더듬어 보니, 한 해 동안 우리의 믿음에도 답답한 구석이 많았던 것 같습니다. 말씀이 막히고, 기도가 멈추고, 교제가 끊겨서 고통스러웠습니다. 그러나 이제는 성령의 바람이 신선하게 불었으면 좋겠습니다. 나쁜 기운은 내 보내고, 신선한 바람은 들이쉬면서 말입니다.

한가위를 맞아 손에 가득 선물꾸러미를 들고 가는 사람들을 바라보며, "이번 추석에는 우리의 주머니도 넉넉했으면 얼마나 좋을까!" 꿈꿔봅니다. 넉넉하지 않은 주머니사정에도 마음 단단히 먹고 선물을 샀습니다. 그 마음이 행복합니다. 발걸음은 반가움으로 가볍고, 선물을 주고받는 손길에 사랑이 가득합니다. 선물보다 그 속에 담긴 사랑과 정성 때문에 모두가 오랜만에 참 행복합니다. 덕택에, 우리의 주머니도 넉넉하고 행복했으면 좋겠습니다. *돈도 마음도 삶도 더욱 풍성했으면 좋겠습니다. 한가위입니다.*

한 해가 저물어 갑니다

2009년의 마지막 주일이 되었습니다. 한 해의 끝에 달한 것입니다. 마음을 가다듬고 지난 한 해를 돌이켜봅니다. 무슨 일이 있었을까요? 무엇보다 귀한 분들이 여럿, 세상을 떠났습니다. 김수환 추기경, 노무현 대통령, 김대중 대통령 등이 우리 곁을 떠났습니다. 전국이 추모의 물결로 바다가 되었습니다. 경제 위기로 국가가 또 한 번 휘청거렸습니다. 기름 값이 오르고, 부동산 시장이 얼어붙고, 환율이 불안했습니다. 서민들의 삶이 더욱 고단해졌습니다. 정부에 대한 불만으로 전국 광장이 거친 함성으로 들끓었습니다. 광우병 파동, 한미 FTA 반대, 용산참사, 쌍용자동차사태, 4대강 개발, 언론법개정, 세종시법개정, 아동성폭력 등으로 조용할 날이 없었습니다. 그나마 김연아 선수와 야구국가대표팀 때문에, 잠시 웃을 수 있었던 것은 불행 중 다행이었습니다.

저희 교회에도 많은 변화가 있었던 한 해였습니다. 무엇보다 사람들이 많이 바뀌었습니다. 여러 사람이 왔다 갔습니다. 아쉬움을 남기고 떠난 사람, 풍파를 일으키고 사라진 사람, 소리 없이 증발된 사람. 대신 새로운 가족들이 늘었습니다. 그들 때문에 교회에 새로운 희망이 가득합니다. 참 다행입니다. 즐거운 행사들도 많았습니다. 온 가족이 함께하여 더욱 즐겁고 은혜로웠던 가족수련회, 한 해의 은혜를 눈물 속에 나누었던 추수감사절예배, 감사와 감동으로 행복했던 성탄절예배. 기존의 예배들이 거룩한 열정으로 충만해진 것도 귀한 열매입니다. 모든 주일예배는 은혜 그 자체였습니다. 수요성경공부가 살아나고, 금요기도회가 뜨겁게 달아오르고, 새벽예배가 쉼 없이 이어진 것 모두 하늘이 내린 복입니다.

이제, 정말 한 해가 저물어 갑니다. 돌이켜 보니 가슴 아픈 일도 많았습니다. 하지만, 그보다 감사와 감동의 순간이 더 많았음을 기억합니다. 그래서 지금까지 우리의 삶이 이어져 올 수 있었던 것이지요. 마귀는 우리의 눈을 실패와 아픔에 고정합니다. 그래서 좌절과 낙담의 덫에 걸려 버둥거리게 합니다. 대신, 성령은 우리가 실패와 아픔과 함께 승리와 기쁨을 기억하게 돕습니다. 지나친 낙관이나 맹목적 좌절에 종속되지 않고, 건강한 균형 속에 꾸준히 성장하도록 돕습니다. 올해 겪었던 아픔과 실패를 기억합시다. 같은 오류를 새해에는 반복하지 않으려고 말입니다. 동시에 우리가 경험한 승리와 환희의 순간도 꼭 기억합시다. 우리가 얼마나 대단한 역량과 가능성을 지닌 존재인지 잊지 맙시다. 하나님이 우리와 함께 한다는 성경의 약속도 가슴에 새깁시다. 과거에 대한 소중한 기억과 미래에 대한 부푼 희망 속에 새해를 맞이합시다. 그렇게 2009년을 보내고, 2010년을 맞이합시다. 2009년 마지막 주일입니다.

어두운 세상에 빛나는 작은 희망의 빛

어두운 밤하늘에 천사들이 나타

나 아기 예수의 탄생을 알렸습니다. 어둡고 고요했던 밤하늘이 천사들의 웅장한 나팔소리와 복된 소식으로 순식간에 감동적인 음악회로 바뀌었습니다. 어두운 밤하늘을 수놓은 천사들의 광채. 고요한 밤을 깨우는 천사들의 우렁찬 함성. 그렇게 첫 번째 성탄절은 밝고 우렁찼습니다. 희망과 감동의 밤이었습니다.

아무도 찾지 않는 춥고 어두운 마구간에서 오직 아빠와 엄마, 몇 마리의 가축들이 지켜보는 가운데 아기 예수께서 탄생하셨습니다. 참으로 소박하고 처량한 공간이었지만, 참으로 외롭고 쓸쓸한 순간이었지만, 그 순간에 아기 예수는 힘차게 울음을 터뜨렸습니다. 죽음의 땅에 생명과 빛을 회복하기 위해, 배반의 역사에 화해와 용서를 기록하기 위해, 갈등과 절망의 공간에 사랑과 소망의 복음을 선포하기 위해, 구세주가 태어난 순간이었습니다. 그렇게 첫 번째 성탄절은 전율의 날이었습니다.

구유에 누인 아기 예수를 보려고 목동들이 달려왔습니다. 지키던 양들을 뒤로 한 채, 그 밤길을 나는 듯이 달려 아기 앞에 섰습니다. 자신들의 눈으로 메시아를 뵙고, 그들은 이스라엘에 임한 하나님의 구원을 확인했습니다. 세상에서 가장 천한 대접을 받던 그들이 세상에서 가장 귀한 분을 직접 뵙는 영광을 누렸습니다. 그렇게 하나님은 세상의 질서를 한순간에 뒤집고, 이 땅에 새 나라를 시작하셨습니다. 그렇게 첫 번째 성탄절은 인류의 역사가 새로 시작된 날입니다.

예수를 찾아온 또 다른 사람들은 동방박사 세 사람이었습니다. 동족 이스라엘 민족이 그를 외면할 때, 아니 신학자들은 그의 탄생을 무시하고, 군주 헤롯은 그를 제거하기 위해 광분할 때, 이방인 학자들은 하나님의 아들 앞에 황금, 유향, 몰약을 선물로 드렸습니다. 그들은 그 먼 길을 쉼 없이 달려와, 인류의 구원자에게 자신들의 가장 소중한 선물을 정성을 다해 드린 것입니다. 타락한 세상에도, 하나님을 알아보고, 그분에게 합당한 예의를 갖춘 사람들이 존재했습니다. 그렇게 첫 번째 성탄절은 타락한 세상 속에서 작은 희망을 보았던 날이었습니다.

    2,009번째 성탄절입니다. 세상은 여전히 어둡고 쓸쓸합니다. 구세주를 맞이하는 세상의 태도도 변함없이 무심하고 오만합니다. 하지만, 이런 세상에 아기 예수는 계속 찾아오십니다. 그의 탄생은 지금도 인류의 유일한 희망이고 기쁨입니다. 그러므로 오늘, 우리는 다시 한번 목동과 동방박사가 되어, 그를 환영하고 그에게 합당한 선물을 드려야 할 것입니다. 그래서 어둔 세상에 작은 희망의 불꽃이 되어야 할 것입니다.

꿈을 꿉시다

경인년 새해가 밝았습니다. 한 해 동안 가슴 아프게 했던 나쁜 기억과 우리 몸에 남은 좋지 않은 습관은 과거의 강에 떠나보내고, 대신 지난해에 거둔 소중한 열매와 아름다운 기억은 미래를 향한 든든한 자원으로 사용하길 소망합니다. 사람에게 휘둘리며 중심을 잃었던 아픈 경험은 하나님에 대한 단호한 믿음 속에 새로운 기회와 가능성으로 역전시키길 기원합니다. 과거에 반복했던 쓰라린 실패의 오류는 호랑이의 포효 속에 시작된 새해에 무한한 용기와 도전으로 만회하길 축원합니다. 이제 새로운 시간을 시작하며, 성도들과 함께 이런 꿈을 꾸고 싶습니다.

어느 날 요셉이 꿈을 꾸었습니다. 형들과 부모를 상징하는 별과 볏단들이 자신을 향해 절하는 꿈이었습니다. 이 꿈을 들은 사람들은 매우 불쾌해했고, 그의 운명은 비극의 나락으로 추락했습니다. 순식간에 벌어진 당시의 상황을 고려할 때, 요셉의 꿈은 분명히 '개꿈' 이었습니다. 하지만, 그 꿈은 가장 결정적인 순간에 실현되었습니다. 단지 부모와 형제들이 그에게 절하는 수준이 아니라, 그의 가문 전체가 구원받는 엄청난 축복이 된 것입니다. 성도 여러분, 현재 눈앞에 벌어지는 고난에 좌절하지 마세요. 여러분을 위해 하나님께서 준비하신 미래의 결정적 축복을 기억하세요. 그 꿈속에 2010년을 당차게 시작합시다.

어느 날 베드로가 꿈을 꾸었습니다. 하늘에서 내려온 보자기에 율법으로 금지된 음식들이 잔뜩 담겨 있었습니다. 베드로는 죽어도 먹을 수 없다며 단호히 거절했습니다. 하지만, 하나님은 "내가 깨끗하다고 한 것을 네가 왜 더럽다고 하느냐"며 책망하셨습니다. 도무지 용납할 수 없는 꿈이었습니다. 하지만, 그 꿈은 복음이 유대의 담장을 넘어 전 세계로 확산하는 하나님의 결정이었습니다. 성도 여러분, 하나님의 생각은 우리의 생각보다 크고 깊습니다. 때로는 우리가 용납하고 이해할 수 없어도, 그분을 믿고 순종하세요. 주께서 우리를 통해 당신의 위대한 일을 이루실 것입니다. 그 믿음 속에 2010년을 신나게 살아갑시다.

어느 날 요한이 꿈을 꾸었습니다. 장차 세상에 벌어질 하나님의 거대한 심판과 구원의 드라마였습니다. 그 꿈은 요한이 감당할 수 없는 엄

청난 내용을 담고 있었습니다. 영원히 지속할 것 같은 로마제국이 하나
님에 의해 멸망하고, 지금은 바람 앞의 등잔처럼 위태로운 성도들이 주
님과 더불어 새 하늘과 새 땅의 주인이 되리라는, 정말 꿈만 같은 예언이
었습니다. 하지만, 예언처럼 로마제국은 역사에서 사라졌고, 하나님의
복음은 지금도 땅끝을 향해 달리고 있습니다. 성도 여러분, 현재 세상과
교회의 모습이 절망스러워도, 절대로 좌절하지 마세요. 신실하신 하
나님께서 당신의 약속을 역사 속에 성취하실 것이기 때문
입니다. 그 기대 속에 2010년을 기쁘게 누립시다.

폭설 속에 맛본 행복 ❄❄

한 주 동안 전국이 폭설로 몸살
을 알았습니다. 서울은 관측을 시작한 이래 가장 많은 눈이 내렸다고 합
니다. 길이 빙판이 되어 사고가 속출하고, 극심한 교통체증을 겪었습니
다. 폭설은 우리나라만의 문제가 아니었습니다. 유럽에도 폭설로 난리가
났습니다. 항공기 운항이 중단되고, 대륙횡단 열차가 멈추었습니다. 미
국에서도 상황은 마찬가지였습니다. 애틀랜타에선 30중 충돌사건이 벌
어지고, 노스다코타주에선 기온이 영하 47도까지 내려갔습니다. 도로에
서 자동차들은 춤을 추고, 강풍에 사람들은 날아가고, 폭설에 시설이 마
비되는 황당한 상황이 꼬리에 꼬리를 물고 벌어졌습니다. 그야말로 세상
이 난리입니다.

세상이 폭설과 혹한에 꽁꽁 얼어붙으니, 사람의 마음도 움츠러들고 활기를 잃었습니다. 밖에 나가는 것이 귀찮고 운전하는 것은 지극한 부담이 되었습니다. 창문을 굳게 닫고, 보일러 온도를 한껏 올렸습니다. 그것도 부족해서 침대에 전기장판을 깔았습니다. 그 안에서 꼼짝 않고 누워있는 것이 천국 같습니다. 괜히 밖에 나갔다가 감기라도 걸리면 누구 손해인가요? 동장군의 횡포를 피해, 방안에서 '방콕' 하는 것이 가장 안전하고 돈 버는 일이라고 생각했습니다. 따뜻한 밥에, 따뜻한 차에, 따뜻한 침대에, 따뜻한 TV까지, 정말 이 생활이 최고입니다.

그런데 아이들이 가만히 놔두질 않습니다. 밖에는 눈발이 휘날리며 천지가 냉장고로 변했는데, 아이들은 흩날리는 눈발에, 눈으로 뒤덮인 하얀 세상에 거의 정신이 나갑니다. 밖으로 나가자고 온종일 졸라댑니다. 눈사람을 만들자고, 눈싸움을 하자고, 아침부터 제 옆에서 주문을 외웁니다. 그 칭얼거림에 무시로, 때로는 고함으로, 때로는 황당한 변명으로 둘러대고 거절해 보지만, 아이들의 사전에 '포기'란 없습니다. 결국, 제가 졌습니다. 도살장에 끌려가는 가축의 기분으로 아이들과 함께 옥상에 올라갔습니다. 그리고 아이들과 함께 눈을 굴려 눈사람을 만들기 시작했습니다. 마지못해 말입니다.

그런데 시간이 지나면서 제가 신이 났습니다. 옛 생각이 났습니다. 한 30년은 지난 것 같습니다. 제가 마지막으로 동생과 눈사람을 만든 것이 말입니다. 눈을 굴려 눈덩이를 만들고, 주변에서 자갈을 찾아 눈을 만들었습니다. 아이들은 방에서 털모자를 가져와 눈사람 머리에 씌웠습니다. 그렇게 눈사람 두 개를 만들었습니다. 아이들과 함께 사진도 찍었습니다. 신나게 눈싸움도 했습니다. 그렇게 저는 잠시 아이가 되었고, 옥상에는 가족의 웃음소리가 가득했습니다. 눈 때문에 세상은 지옥으로 변했지만, 저는 아이들 덕택에 잠시나마 행복하고 신이 났습니다. 같은 환경에서도 얼마든지 다른 삶을 살 수 있다는 것을 다시 한 번 깨달으며 말입니다. 여러분도 해보세요. 재미있습니다.

사람이 제일입니다

이번 주는 매우 분주했습니다. 한 주간 동안 서울과 인천을 3번이나 다녀왔습니다. 매번 다른 목적으로 다른 사람들을 만났습니다. 수요일에는 아버지의 15주기 추도예배를 위해 온 가족이 인천에 다녀왔습니다. 87세의 외할머니부터 6살짜리 꼬마 조카까지 다양한 사람들이 모였습니다. 사실, 가족이지만 많이 다릅니다. 서로 간에 보이지 않는 갈등과 아픔도 있습니다. 하지만, 추도예배를 드리면서, 우리 안에 중요한 공통점을 발견했습니다. 우리 모두 아버지를 통해 세상에 나왔더군요. 우리는 아버지와 삶을 공유했고, 아직도 아버지를 기억하고 있었습니다. 떨어져 살고 있었지만, 우리는 피를 나눈 가족입니다. 이 사실을 확인하며, 마음이 따뜻했습니다.

금요일에는 사랑의 교회에서 개최한 학술대회에 토론자로 참석했습니다. 그 행사는 사랑의 교회 소속 '교수선교회'와 숭실대학교의 한 기독교 연구소가 공동으로 개최한 행사였기 때문에, 많은 교수가 참석했습니다. 한국사회의 지식인 선교를 위한 여러 논문이 발표되었습니다. 특히, 한국사회의 '종교다원주의' 현상 앞에서, 기독교 지식인들이 어떤 책임과 역할을 감당할 것인지에 대해 학자들이 진지하게 의견을 나누었습니다. 참가한 교수들의 전공과 교단은 달랐습니다. 하지만, 한국사회에서 기독교 지식인으로서 자신들이 감당해야 할 사명에 대해선 생각이 일치되었습니다. 이처럼 학문적 동지들을 만나면서 마음이 든든했습니다.

토요일에는 '신학연구원 느헤미야'에서 개최한 '2010 신학캠프'에 참석하여 오전과 오후에 강의했습니다. 토요일이었지만, 100여 명의 평신도가 전국 각지에서 몰려왔습니다. '일상과 제자도'란 주제하에 개설된 7개 강의는 교수들의 열정적 강의와 학생들의 날카로운 질문 속에 겨울의 추위마저 잊었습니다. 참석한 모두는 신앙이 삶의 액세서리가 아닌, 삶의 본질로 이해하고, 일상 속에서 신실한 제자의 삶을 살겠다며 결의를 다졌습니다. 이런 모습을 바라보며, 저는 한국교회의 작은 희망을 보았습니다. 한국교회를 향한 뜨거운 사랑도 느낄 수 있었습니다. 그래서 몸은 피곤했지만, 마음은 무척 뿌듯했습니다.

이처럼 사람을 만나는 것은 '위기'입니다. 하지만, 위기 속에 경험하는 감동은 대단합니다. 긴장 속에 만난 사람들 속에서 하나가 됨을 확인할 때, 얼었던 마음이 따뜻해졌습니다. 어색한 자리에서 만난 사람들 틈에서 같은 정신을 발견했을 때, 마음이 든든해졌습니다. 처음 만난 사람들 안에서 같은 열정을 느꼈을 때, 마음이 뿌듯해졌습니다. 사람 때문에 사는 것이 힘들지만, 또한 사람 때문에 살 맛이 납니다. 사람 때문에 가슴에 멍이 들지만, 또한 사람 때문에 가슴이 후련해집니다. 사는 모습,

사는 방식 그리고 사는 곳은 서로 달라도, 역시 사람이 제일 소중합니다. 그래서 하나님이 사람을 사랑하시는가 봅니다.

감동의 삶

김연아 선수가 금메달을 땄습니다. 우리나라뿐만 아니라 전 세계가 그야말로 '김연아 신드롬'에 휩싸였습니다. 온종일 김연아 선수가 텔레비전을 점령했습니다. 세계 신문들은 그녀의 얼굴로 도배되었습니다. 만나는 사람마다 온통 그녀 이야기뿐입니다. 경기 당일, 모든 사람이 숨죽이며 그녀의 경기를 지켜보았습니다. 전날 쇼트프로그램에서 세계신기록을 세웠으나, 2위와의 차이가 크지 않았습니다. 더욱이 2위인 아사다 마오의 상태가 매우 좋았기 때문에 마지막까지 긴장을 풀 수 없었습니다. 물론, 엄청난 실수만 하지 않으면 넉넉히 우승할 것으로 예상했지만, 예전에도 자유형 스케이팅에서 실수한 적이 있었지요. 특히 국민의 기대가 너무 커서 김연아 선수의 심적 부담이 클 것으로 예상했기에, 혹시나 치명적 실수를 범하지 않을까, 모두가 노심초사한 것입니다.

결국, 모든 사람이 숨죽이고, 정말 기도하는 심정으로 그녀의 경기를 지켜보았습니다. 한번 점프할 때마다 마치 저의 몸도 공중으로 치솟는 것 같았고, 그녀의 스케이트 날이 빙판에 닿을 때, 저의 발도 그녀와 함께 닿는 것 같았습니다. 말 그대로, 완벽한 '감정이입'이었습니다. 그녀가 '신들린 듯' 마지막 스핀을 끝내고 두 손을 번쩍 들었을 때, 저도 모르게 두 손이 따라 올라갔습니다. 그리고 그녀의 눈에서 눈물이 흐를 때, 저의 콧등도 찡해오며 눈물이 맺혔습니다. 마침내 228.56이란 경이적인 점수로 세계 신기록을 수립하며 금메달이 확정되는 순간, 저의 가슴도 터질 것 같았습니다. 그녀는 대견합니다. 정말 훌륭합니다. 그 가냘픈 몸으로, 그리고 이제 갓 스물을 넘긴 나이로, 이 엄청난 일을 해내다니요! 우리에게 이런 엄청난 감동을 주다니요!

김연아 선수 때문에, 사람들이 울고 웃는 모습을 지켜보며, 많은 생각을 하게 됩니다. 그녀의 경기를 중계하던 아나운서가 감격하여 말했습니다. "김연아 선수, 당신 때문에 우리는 행복합니다!" 사실입니다. 저도 그처럼 그녀 덕분에 행복했으니까요. 누군가를 행복하게 할 수 있다는 것은 분명, 대단한 일입니다. 그러면서 저를 돌아봅니다. "나는 과연 누구를 행복하게 하는 사람인가?", "나는 누구를 감동시키는 사람인가?" 물론, 저는 김연아 선수 같은 영웅이 아닙니다. 하지만, 누군가에게 행복을 전해주는 사람이 되었으면 좋겠습니다. 물론, 저는 모든 사람을 감동시킬 만한 위대한 능력을 갖추고 있지 않습니다. 그러나 누군가의 가슴에 잔잔한 감동을 일으키는 사람이 되고 싶습니다. 물론, 제가 대단한 화제의 주인공이 될 가능성은 별로 없습니다. 그래도 누군가에게 고맙고 소중한 사람으로 기억되고 싶습니다. 꼭, 그렇게 살고 싶습니다.

파이팅! 아자! 아자! 아자!

　　　　　　　　　　　올해 다부지게 품은 몇 가지 목표가 있습니다. 그 중 하나가 '체중 10kg 감량' 입니다. 사실 이 목표는 지난 5년간 반복되었던 것이지요. 개인적으로 노력을 안 했던 것은 아닙니다. 수영도 해보았고, 헬스클럽에도 다녀보았습니다. 심지어 작년에는 복싱도장까지 다녔습니다. 하지만 여러 사정과 핑계로 인해, 목표달성에는 실패했습니다. 속도 상했고, 망신도 당했지요. 물론, 돈도 버렸고요. 그래도 개선된 것은 없습니다. 그런 상황에서 올해 다시 동일한 목표를 세웠습니다. 주변에서 몸이 좋아졌다는 소리도, 가족들의 걱정도 듣기 싫어졌기 때문입니다. 제 자신이 제 몸에 달라붙은 '살덩어리'가 점점 더 부끄럽고 혐오스럽게 느껴졌기 때문입니다.

　　최근에 두 분을 뵈었습니다. 평소 잘 알고 지내던 목사님들입니다. 두 분 모두 최근에 10kg 이상 체중 감량에 성공했습니다. 분명히 얼마 전까지 저보다 풍풍했던 분들인데, 1년 사이에 몸이 '반쪽'이 되었습니다. 주변에서 "어디 아프십니까?" 걱정의 인사를 들을 정도로, 외모가 완전히 변했습니다. 제가 물었지요. 어떻게 된 거냐고. 죽을 각오를 하고 운동하며 식생활 습관을 바꾸었다고, 삶의 우선순위까지 완전히 바꾸었다고 했습니다. 운동 안 하면 죽는다는 생각으로, 유혹에 저항하며 체중 감량에 전념했다고 하더군요. 그 결과, 그렇게 달라졌다고 했습니다.

　　그들의 이야기를 들으며 부러움과 오기가 생겼습니다. "그들도 해냈는데 나라고 못할 것이 무엇이냐!", "나도 할 수 있다!", "하면 된다!",

"언제까지 부러워만 할 것인가!", "목숨을 걸자!", "올해를 변화의 원년으로 삼자!", "배덕만 파이팅! 아자! 아자! 아자!" 그렇게 다짐했습니다. 더 이상 체중 때문에 열등감과 죄책감을 갖지 말고, 이번에야말로 이 문제를 해결하려고 합니다. 정신을 바짝 차리고, 마음을 모질게 먹고, 사고방식과 생활습관 자체를 뜯어고치려 합니다. 몸과 정신을 바꿔보려 합니다. 할 수 있습니다. 아니, 꼭 할 것입니다. 이번에 끝내겠습니다.

4월이 끝나고 5월이 목전입니다. 2010년의 1/3이 지난 것이지요. 여러분이 올 초에 세웠던 많은 계획과 꿈들이 어떻게 진행되고 있습니까? 어떤 유혹과 시험에도 흔들림 없이 진군하고 있습니까? 아니면, 좌절과 갈등 속에 분투하고 있거나, 아니면, 기억도 못하고 있습니까? 설령, 지난 4개월을 '허비'한 분들이 계시더라도, 낙망하지 마세요. 다시 시작하면 되니까요. 이제 겨우 1/3이 끝났을 뿐입니다. 아직 2/3가 남았잖아요. 오늘부터 다시 시작하면 됩니다. 정초의 마음을 떠올리며, 다시 한번 마음을 가다듬고, 다시 한번 도전하세요. 연말에 크게 웃을 수 있도록 말입니다. 주사랑 교우들이여, 파이팅! 아자! 아자! 아자!

멋진 그리스도인을 보았습니다

미국 워싱턴 주 상원의원인 신호범 장로님의 강연을 들었습니다. 그는 4세에 부모를 잃고 고아가 되었습니다. 6살부터 서울역에서 구걸을 하며 자랐지요. 한국전쟁이 발발하고, 우연한 기회에 미군부대의 하우스보이가 되었습니다. 하우스보이는 미군들의 구두를 닦고 청소를 해주는 아이들을 말합니다. 그러던 어느 날, 인생이 너무 서러워 뒷동산에 올라 서럽게 울고 있을 때, 한 미군장교가 그의 어깨를 감싸며 위로해 주었습니다. 후에 그는 소년 신호범을 미국으로 초청해서 자신의 아들로 입양했습니다. 이미 3명의 아이들을 두었지만, 한국의 고아소년을 아들로 기른 것입니다.

나이는 벌써 18살이나 먹었지만, 영어는 물론, 초등학교 교육도 받아본 적이 없던 그였기에, 미국의 학교들도 그를 받아주지 않았습니다. 결국, 그는 독학으로 1년 만에 고등학교 졸업 검정고시에 합격했습니다. 이어서 대학과 대학원을 졸업했고, 1975년에는 박사학위까지 받았습니다. 워싱턴주립대학교에서 31년간 교수로 섬긴 후, 1995년에 미국 워싱턴 주 하원의원에, 그 다음 선거에선 상원의원에 당선되었습니다. 인종차별이 뿌리 깊은 미국에서, 그것도 백인이 97%인 지역에서, 처음 출마하여 이긴 것입니다. 그는 첫 선거에서 홀로 2만 5천 가정을 방문함으로써, 지역주민들을 크게 감동시켰습니다. 지금은 3선 상원의원으로, 상원 부위원장을 맡고 있습니다.

오늘 강연에서 그가 학생들에게 전한 메시지는 "하면 된다. 불가능은 없다"란 것이었습니다. 그의 인생자체가 메시지의 산 증거였습니다. 이미 70을 넘긴 나이지만, 그에겐 여전히 꿈이 있습니다. 그것은 30년 내에 미국에서 한국출신 대통령이 나게 하는 것입니다. 이 목표를 위해, 후배들을 발굴하여 훈련하고 후원하는 일에 매진하고 있습니다. 또한 그는 정치가 "봉사요 사랑"이라고 했습니다. 모든 사람들이 사랑하며 평화로운 세상을 만들기 위해, 자신의 재주와 애정을 헌신하는 것이 정치라고 말입니다. 끝으로, 그는 자신에게 비전을 주시고, 고비마다 힘을 주신 하나님께 감사하다고 고백했습니다. 험한 생을 개척하며 훌륭한 인생을 살아온 노 정치가, 거룩한 신앙인의 모습에 저는 무한한 감동과 도전을 받았습니다.

하나님을 만난 사람이 그와 같아야 하지 않을까요? 하나님을 아는 사람의 정신이 그 정도는 되어야 하지 않을까요? 하나님의 비전을 품은 자의 삶이 그래야 하지 않을까요? 삶의 장애물 앞에 허망하게 주저 않지 않고, 자신의 불리한 처지에 쉽게 굴복하지 않으며, 대신 고귀한 목표를 설정하고, 그 목표를 이루기 위해 피나는 노력을 경주하며, 무엇보다 겸손하게 하나님 앞에 무릎 꿇는 사람, 그러면서 세계와 인류를 가슴에 품는 사람. 저는 오늘 참 멋진 그리스도인을 보았습니다.

모든 육체는 풀과 같다 그래서 귀하다

정말 오랜 만에 만화책을 한 권 읽었습니다. 『그대를 사랑합니다』란 제목의 만화로, 만화가 강풀의 작품입니다. 제법 오래 전에 이 만화가 Daum에 연재될 당시, 우연히 한편을 읽은 적이 있었습니다. 어느새 연재가 끝나고 단행본으로 출판되었더군요. 언제부턴가 만화책 읽을 기회가 없어졌지만, 개인적으로 강풀을 좋아하기 때문에, 그의 작품에 애정을 갖고 있습니다. 그의 그림은 화려하지 않지만, 인간미가 넘치고, 인간에 대한 깊은 애정과 시대에 대한 고민이 함께 담겨 있습니다. 또 제 수준에 딱 맞게, 소재가 매우 소박하면서 재치가 번뜩입니다. 그가 목사님의 아들이란 점도 특이하구요.

『그대를 사랑합니다』는 노인들의 사랑이야기입니다. 한 없이 무뚝뚝한, 전형적인 한국형 할아버지 김만석, 이름도 없이 평생을 고생하며 외롭게 산 송씨 할머니, 치매 걸린 할머니 조순이, 그를 극진히 사랑하는 남편 장군봉. 김만석 할아버지는 평생 아내에게 무뚝뚝했던 남편이었습니다. 평소 우유를 좋아했던 아내를 암으로 갑자기 잃고 상심 속에 살다가 송씨 할머니를 만났습니다. 송씨 할머니는 시골에서 남편과 도망쳐 살았으나, 폭력 남편에게 버림받고 사랑하던 딸마저 병으로 잃은 채, 폐지를 주우면서 외롭게 살고 있었습니다. 장군봉 할아버지는 치매에 걸린 아내를 돌보며, 자식들의 무관심 속에 주차장 관리를 하며 살다가, 김씨 할아버지와 송씨 할머니를 만나게 되었습니다.

결국 만석이 할아버지와 송씨 할머니는 사랑에 빠집니다. 하지만 송씨 할머니는 고향으로 돌아가고, 만석 할아버지는 마지막까지 할머니를 가슴에 품고 살다 세상을 떠납니다. 장군봉 할아버지는 치매 걸린 할머니가 불치병에 걸렸다는 사실을 알고, 아내의 손을 꼭 잡고 함께 목숨을 끊습니다. 이 과정에서 장군봉 할아버지는 어느새 친구가 된 만석 할아버지에게 자신의 마지막을 부탁하지요. 이 과정에서 전개되는 할아버지 할머니 간의 애틋한 사랑, 자식들의 무심함, 그러면서도 사람들 간의 정과 인심이 독자들의 가슴에 수 많은 생각과 감정을 자아냅니다. 결국 저는 울었습니다.

　　하루 종일 만화내용이 머리 속을 떠나지 않았습니다. 점점 나이가 들어가는 부모님들 때문에, 또 우리 부부의 미래를 생각하다 보니, 만화의 내용이 남의 이야기로 읽히지 않았던 것 같습니다. 건강해야겠다는 생각이 들었습니다. 멋지게 늙어야겠다고, 끝까지 아내와 함께 해야겠다고 다짐했습니다. 어느 때보다 "모든 육체는 풀과 같다"는 베드로 사도의 고백이 가슴에 와 닿습니다. 그래서 이 육신의 삶이 더 절실하고 소중한지 모르겠습니다. 한 번밖에 기회가 없기 때문에, 돌이킬 수 없기 때문에, 더 귀하게 여기고 정성을 다해야 하는 것 같습니다. 우리 멋지고 귀하게 늙읍시다!

약속은 지키기 위해 있는 것입니다

　　　　　　　　　　　삶에서 약속은 참 중요합니다. 많은 경우, 약속은 사람에게 한줄기 빛처럼, 강력하고 절박한 희망으로 기능합니다. 지극히 단순하고 평범한 삶에, 약속은 매우 신선하고 생동감 넘치는 기운을 불어 넣습니다. 그래서 약속은 무미건조한 우리의 삶에 대단히 긍정적인 역할을 합니다. 제가 근무하는 학교에서 증축공사를 시작했습니다. 초기에 재정적 어려움으로 시작부터 큰 위기를 맞이했습니다. 그때 한 분이 10억 원의 기부를 약속했습니다. 그분의 약속 때문에, 공사는 위기를 넘기고 시작될 수 있었습니다. 이것은 큰 약속입니다.

반면 작은 약속도 있습니다. 저는 2주 전 아이들에게 풀장에 가겠다는 약속을 했습니다. 아이들은 매일 아침 아빠의 약속을 확인했습니다. 그 작은 약속 때문에 아이들은 지난 2주를 행복하게 보낼 수 있었습니다.

하지만 우리 삶은 결코 순탄치 않습니다. 희망과 활력을 불어넣었던 약속이 깨졌을 때, 삶은 순식간에 추락하기 때문입니다. 약속이 희망인 이유는 그 약속이 지켜지리란 믿음 때문입니다. 약속이 삶에 긴장과 힘을 불어넣는 이유도, 약속을 꼭 지켜야 한다는 부담 때문입니다. 그런데 약속을 완벽하게 지킬 수 없는 것이 우리의 한계요, 수 많은 약속이 공수표가 되는 것이 우리의 현실입니다. 믿고 기대했던 약속이 깨지는 순간, 우리의 눈앞은 캄캄해지고, 우리의 가슴은 철렁하며, 우리는 버티고 설 힘을 잃습니다. 주겠다고 약속했던 돈이 절반도 들어오지 않았을 때, 공사는 다시 휘청거리기 시작했습니다. 총 책임을 진 교수님은 학교를 떠나 기도원에 들어갔습니다. 제가 아이들에게 "오늘 아빠가 너무 바빠서 수영장에 갈 수 없을 것 같다"고 말하자, 아이들의 얼굴에 순간적으로 퍼지던 실망의 빛을 저는 잊을 수 없습니다. 눈물까지 글썽이며 고개를 떨구는 아이 앞에서 저의 가슴도 무너졌습니다. 지키지 못하는 약속은 아픔입니다.

약속은 지키기 위해 있는 것입니다. 사실, 삶이 우리를 속이는 경우가 얼마나 많습니까? 지키고 싶어도 지킬 수 없는 약속이 얼마나 많습니까? 핑계 없는 무덤이 없듯, 지키지 못한 약속에 대한 이유도 얼마든지 있습니다. 그래도 삶이 의미 있고 감동을 주는 때는, 어려운 상황에도 약속을 지키기 위해 분투하는 것입니다. 한 사업가는 사업의 위기로 약속한 10억 원을 모두 기부할 수 없게 되었습니다. 하지만 그는 약속을 지키기 위해 몸부림쳤습니다. 그런 상황에서 전혀 예기치 않았던 곳에서 사업의 문이 열렸습니다. 마침내 그는 약속한 전액을 기부했고, 그것보다 더 큰 액수의 기부도 약속했습니다. 덕택에 공사는 무사히 끝날 수 있었습니다. 저는 하루 종일 아이들과 약속을 지키지 못한 것 때문에 마음이 아팠습니다. 내가 해야 할 일이 많지만, 아이들과의 약속을 지키는 것도 중요하다는 생각이 들었습니다. 그래서 저는 지금 아이들과 수영장에 갑니다. 하던 일을 모두 중단하고 말입니다. 약속은 지키기 위해 있고, 약속을 지킬 때, 우리는 행복합니다.

예수님처럼 가로칩시다

아이들의 시험이 끝났습니다. 학기말 시험을 치르기 위해 아이들이 고생하는 모습을 지켜보았습니다. 모든 부모들은 자식들이 '공부 잘하는 아이'가 되길 원하지요. 비록 자신들은 학창시절에 결코 뛰어난 학생이 아니었지만, 그리고 그렇게 평범한 부모의 유전자가 아이들 몸 속에 정확히 작동하고 있지만, 자신의 아이들만큼은 수재, 영재, 천재 소릴 듣고 싶은 것이 모든 부모의 공통된 마음입니다. 그래서 아이들이 문제 하나라도 더 풀게 하려고 늦은 밤까지 아이들을 붙들고 씨름합니다. 아이나 부모나, 정말 안쓰럽고, 서로에게 못할 짓입니다.

물론, 아이들은 공부를 해야 합니다. 그것도 매우 열심히 해야 합니다. 공부는 아이들의 지식을 확장시킬 뿐만 아니라, 공부하는 습관을 훈련하는 과정에서, 자신을 통제하는 법을 터득하게 됩니다. 결국, 성숙한 인간으로 자라는 것이지요. 그러나 저에게 당혹스러운 것은 아이들이 잠도 못 자며 암기하는 지식이 과연 그들을 더 나은 인간으로 만들 수 있는가 하는 것입니다. 아이들을 학교수업 외에도, 수 많은 사교육장으로 몰고 다니지만, 아이들이 훌륭한 청년으로 자랐다거나, 이 사회가 더욱 살기 좋은 곳이 되었다는 이야기를 듣지 못했기 때문입니다.

주님은 제자들을 혹독하게 훈련시켰습니다. 때로는 제자들의 어리석음을 꾸짖기도 하셨습니다. 하지만 주님이 제자들에게 가르친 것은 '국영수'가 아니었습니다. 주님은 제자들에게 '사람을 낚는 법'을 가르쳤습니다. 주님은 이론을 암기시키는 대신, 진리를 깨닫도록 도우셨습니다. 이론 교육에만 치중하지 않고, 반드시 현장에서 실습하도록 배려하셨습니다. 진리에 대한 깨달음이 결연한 실천으로 이어지게 했습니다. 그렇게 훈련된 제자들은 하늘을 가슴에 품었고, 미래를 향해 돌진했습니다. 세상을 포기하거나 도피하지 않고, 세상과 당당히 맞섰습니다. 그리고 세상을 바꾸었습니다.

우리도 아이들을 가르쳐야 합니다. 아이들이 학업에 정진하도록, 부모로서 할 바를 다 해야 합니다. 동시에 우리가 기억해야 할 것이 있습니다. 우리는 예수님의 방식으로 예수님의 비전을 아이들에게 가르쳐야 한다는 것입니다. 주님께서 제자들을 양육하셨던 것처럼, 아이들에게 세상의 평범한 '지식'이 아닌, 세상을 변화시키는 '진리'를 가르쳐야 합니다. 꿈을 잃어버린 '불쌍한 영혼'이 아니라, 미래를 향해 돌진하는 '위대한 혼'이 되도록 격려해야 합니다. 세상의 흐름에 수동적으로 끌려가는 '나약한 존재'가 아니라, 세상의 흐름에 당당히 저항할 수 있는 '강인한 존재'가 되도록 기도해야 합니다. 우리의 가정마다 생명, 꿈 그리고 진리의 학교가 되길 바랍니다. 그렇게 세상에 도전합시다.

사람, 사랑 그리고 삶

책을 읽던 중, 문득 이런 생각이 들었습니다. '사람'과 가장 닮은 글자는? 제가 찾은 답은 '사랑'입니다. 아마 외국인들은 이 두 단어를 정확히 구별하여 발음하는 것이 매우 힘들 것입니다. 그만큼 두 단어는 닮았습니다. 사람과 사랑. 왜 닮았을까 생각해 봅니다. 사람의 본질이 사랑이기 때문은 아닐까요? 성경에선, 하나님께서 자신의 형상을 따라 인간을 창조하셨다고 말합니다. 하나님은 사랑이라고도 선언합니다. 그렇다면, 하나님께서 자신의 형상을 따라 사람을 만드셨을 때, 사람 속에 사랑이 담겼다는 뜻입니다. 즉, 사람이 사랑이라는 말이지요.

또 다른 생각을 해보았습니다. '사람'이란 단어를 줄이면? 답은 '삶'입니다. 삶에는 생활과 생명이라는 의미가 담겨 있습니다. 생명을 가진 존재들이 만들어 내는 풍경이 생활이지요. 다시 말해, 생명이 없는 물건에겐 생활이 없습니다. 무생물에겐 생명이 없고, 생활도 없습니다.

아예 삶 자체가 없는 것입니다. 그렇다면, 사람의 본질은 삶에 있습니다. 생명을 가진 자들이 함께 모여 생활하는 것입니다. 그것이 삶의 진면목입니다. 그래서 "사람이 천하를 얻고도 자기 목숨을 잃으면 무슨 소용이 있느냐?"고 예수께서 말씀하신 것 같습니다.

이렇게 사람을 사랑과 삶으로 치환해서 풀어본다면, 우리가 추구하는 삶은 어떻게 될까요? 저는 "사람은 사랑할 때, 진정한 삶을 누릴 수 있다"고 생각했습니다. 이로써 내 생명이 이 땅에 존재하게 된 것이 나의 부모들이 서로 사랑했기 때문임을 증명할 수 있습니다. 하나님이 세상을 사랑했기 때문에, 우리에게 '영원한 생명'이 주어졌음을 우리는 잘 압니다. 그래서 사람은 사랑할 때 삶을 꾸려갈 수 있습니다. 사랑하는 사람만이 생명을 창조할 수 있습니다. 사랑이신 하나님께서 우리를 창조하시고, 우리를 구원하신 것처럼 말입니다.

얼마 전 인기 배우 한 사람이 목숨을 끊었습니다. 평소에 우울증을 앓았다고 합니다. 최근엔 사업도 잘 안 돼서, 술을 먹고 홀로 죽었답니다. 그의 죽음이 안타깝습니다. 젊은 죽음이기에 아깝고, 재능 있는 배우의 죽음이기에 더욱 아쉽습니다. 하지만 그의 삶에 사랑이 충만했다면 어땠을까요? 단지, 돈과 인기에 대한 집착이 아닌, 사람과 삶에 대한 사랑으로 그의 가슴이 타올랐다면 어땠을까요? 사랑으로 충만한 사람의 삶은 우울증이란 창도, 자살이란 칼도 뚫을 수 없습니다. 사랑은 죽음보다 강하기 때문입니다. 기억합시다. 사람, 사랑, 삶은 같은 말입니다.

칭찬은 기적을 일으킵니다

어느 날 우리 집 아이들이 싸우고 있었습니다. 화가 난 언니들이 막내에게 폭언을 퍼부었습니다. 사실, 막내는 아주 고집이 셉니다. 그래서 자주 언니들의 말을 무시하고 고집을 피워, 언니들의 '뚜껑'이 열리게 만듭니다. 화가 머리끝까지 난 두 언니들이 참다 못해 "너는 진짜 못된 놈이야!" 하고 소리를 친 것입니다. 그 말에 열이 받은 막내는 최후 수단으로 무지막지하게 울기 시작했습니다. 자기를 무시했다고 말입니다. 닭똥 만한 눈물을 흘리며 아이는 서럽게 통곡했습니다.

그 광경을 지켜보던 저는 마침내 막내 아이를 데리고 방으로 들어갔습니다. 싸우는 아이들을 지켜보며 저도 속이 상했지만, 일단 막내를 달래는 것이 급하다고 생각했습니다. 자존심이 상한 막내 아이를 붙잡고 대화를 시작했습니다. "서연아, 아빠는 서연이에게 장점이 무지 많다고 생각한단다." 하지만 아이는 내 말을 들으려 하지 않았습니다. 그래서 제가 다시 말했습니다. "진짜야. 서연이의 장점은 10개도 넘어. 봐라. 서연이는 얼굴도 예쁘고, 노래도 잘하고, 무용도 잘하고, 아빠 심부름도 잘하고, 머리도 좋고, 기도도 잘하고, 성경도 잘 읽고…" 제가 아이의 장점을 일일이 지적하며 설명하자, 어느새 아이는 울음을 멈추고, 얼굴에는 미소를 머금고, 진지하게 제 말을 듣기 시작했습니다.

아이는 싱글벙글하며 이렇게 말했습니다. "아빠, 아빠도 장점이 많아요. 10개도 넘어요. 자 봐요. 아빠는 재미있고요…" 아이는 손가락을 꼽으며 저의 장점을 10가지나 열거했습니다. 우리는 함께 끌어안고 침대에서 뒹굴며 웃었습니다. 자기들끼리 칭찬하고 바보처럼 좋아했습니다. 자신에게 날아온 말 한마디에 자존심이 상해 통곡하던 아이가, 자신에게 들려준 많은 장점들을 듣고 신바람이 난 것입니다. 신바람이 난 것에 그치지 않고, 자신을 칭찬해 준 사람의 장점을 찾기 위해 작은 머리를 굴리며 고사리 같은 손가락을 꼽았습니다. 그 귀여운 모습을 보며 또 한번 소중한 진리를 확인하게 됩니다. 칭찬은 고래도 춤추게 한다!

분노에 차서 날아간 욕은 상대의 가슴에 독화살처럼 박힙니다. 독화살은 마음을 악하게 하고, 자신을 혐오하게 합니다. 분노의 눈물을 흘리고, 오기와 복수의 칼을 갈게 합니다. 하지만 "너에게는 장점이 무지많다"란 칭찬은 상처 난 가슴을 치료하고, 미움과 분노의 상황을 만족과 행복의 상황으로 역전시킵니다. 예수님은 자신을 십자가에 못박으라고 저주하는 무리들을 향해, 복수의 저주 대신 용서를 구했습니다. 그 순간 원한의 고리는 끊어지고, 저주는 축복으로 역전되었습니다. 하나님은 세상을 그렇게 구원했습니다. 우리도 그렇게 살아야 합니다. 그렇게 살 수 있습니다.

힘들면 아버지를 부르세요

가족들과 수영장에 다녀왔습니다. 중복이었기 때문인지, 수영장은 피서객들로 가득했습니다. 분명히 수영을 하러 왔는데, 사람들이 너무 많아 수영은 생각도 할 수 없었습니다. 수많은 사람들이 물 속에 목만 내밀고 들어가 있는 풍경이 마치 거대한 목욕탕 같았습니다. 그래도 햇볕이 따갑게 내리쬐는 날에 물속에 몸을 담근다는 사실만으로도 모두 행복해 보였습니다. 연인들이 행복한 표정으로 손을 꼭 잡고 걸어가는 모습도 좋았고, 아이들을 튜브에 태우고 물놀이를 즐기는 가족들의 모습도 아름다웠습니다.

하루 종일 수영장에서 제가 제일 많이 들은 소리는 무엇이었을까요? 그것은 바로 엄마 아빠를 부르는 아이들의 간절한 목소리였습니다. 사방에서 "엄마!", "아빠!" 소리가 끊이지 않고 들렸습니다. 물속에서 파도가 조금만 높게 밀려와도 겁에 질린 아이는 본능적으로 아빠를 불렀습니다. 바닥에 미끄러져 넘어지면, 예외 없이 그 입에서 "엄마!"가 터져 나왔습니다. 어디가 아파도 "엄마!" 배가 고파도 "아빠!" 화장실에 가고 싶으면 "엄마!" 무슨 일만 생기면, 자동적으로 엄마 아빠가 터져 나왔습니다. 그러면 엄마 아빠는 번개처럼 달려와 아이들의 문제를 해결해 주었습니다.

사방에서 쉼 없이 엄마 아빠를 부르는 소리를 들으며, 또 그 소리에 즉각 반응하는 엄마 아빠를 보며, 우리 모두의 부모이신 하나님에 대해 생각해 보았습니다. 지금도 쉼 없이 그분을 부르는 소리가 우주에 가득합니다. 땅에 넘어져 우는 아이가 다급하게 엄마 아빠를 부르듯이, 지금도 삶의 다양한 문제들로 두려움에 떨며 우는 사람들이 아버지 하나님을 간절히 찾고 있습니다. 하나님은 24시간 당신의 귀를 열어 놓고, 사방에서 들려오는 절박한 소리를 듣고, 문제해결을 위해 쉼 없이 뛰어다닙니다.

하나님이 우리의 아버지인 것이 참 좋습니다. 아버지는 언제나 자식들을 향해 몸과 마음의 귀를 열어 놓고 살지요. 평생 가슴 속에 자식들을 품고 삽니다. 자식들을 위해서라면 고생쯤은 아무 것도 아닙니다. 목숨도 아끼지 않고, 무슨 짓이라도 할 것입니다. 아버지에겐 자식의 행복이 세상에 존재하는 최고의 행복입니다. 결국, 아버지가 이 땅에 사는 이유와 목적은 오직 '자식' 입니다. 하나님이 우리의 왕이나 대장이 아닌, 아버지인 것이 그래서 축복입니다. 독생자인 예수를 우리를 위해 희생했다는 성경의 표현은 곧 하나님이 우리를 위해 자신의 생명도 포기하는 아버지란 선언입니다. 정녕, 우리 하나님은 우리의 아버지입니다. 성도 여러분, 힘들면 아버지를 부르세요.

2부
교회를 바꾸는 도전

새벽에 드리는 기도가 오묘합니다

새벽마다 '경건회'로 모입니다. 지친 몸을 깨우는 일이 쉽지 않습니다. 새벽 공기를 가르며 문밖을 나서는 일은 더 어렵습니다. 오늘처럼 바쁜 시대에, 늘 잠이 부족하여 피곤한 때에, 새벽의 첫 시간을 하나님께 드리는 일은 결코 용이하지 않습니다. 그럼에도, 이 자리를 지키는 분들이 있습니다. 우리 교회의 영적 토대를 다져가는 기도의 사람들입니다. 저는 그분들이 참 고맙고 자랑스럽습니다.

무엇 때문에 우리는 새벽과 씨름해야 할까요? 새벽 경건회가 우리에게 소중한 이유는 무엇일까요? 무엇보다 그곳에 하나님의 말씀이 있기 때문입니다. 말씀과 내가 정직히 대면하는 시간입니다. 우리의 영혼을 수술하고 정결케 하는 말씀 앞에서 우리가 성장하는 모습을 봅니다. 둘째, 기도할 수 있기 때문입니다. 늘 드리는 기도지만, 새벽에 드리는 기도는 우리를 더욱 거룩한 존재로 성숙시킵니다. 정갈한 마음과 온전한 정신으로 드리는 기도에 하나님께서 관심을 집중하시는 것 같아, 가슴이 깊이 울립니다. 끝으로, 성도의 교제가 있기 때문입니다. 말씀과 성령의 인도를 받으며, 가슴에 묻어 둔 속사정과 기도 제목이 진솔하게 고백 됩니다. 서로를 향한 신뢰와 애정 속에 우리의 영혼이 건강해지고, 하나님의 백성으로 함께 지어져 갑니다.

말씀을 읽는 시간이 꼭 새벽이어야 할 필요는 없습니다. 물론, 예배당에서 드리는 기도만이 영적 효력을 갖는 것도 아닙니다. 새벽 경건회 만이 유일한 교제의 기회인 것도 아닙니다. 그러나 새벽을 깨우는 결단, 말씀과 기도를 향한 열정, 그리고 자신의 속마음을 여는 용기 때문에, 우리의 새벽 경건회는 특별히 귀하고 소중합니다. 이 자리가 우리 모두로 말미암아 더욱 풍성해지길 여러분의 목동으로서 기도합니다.

기도, 그것이 열쇠입니다

삶에는 언제나 역설과 모순이 존재합니다. 당연한 일이 매우 낯설고 예외적일 때가 있고, 불가능한 일이 황당할 정도로 쉽게 실현되기도 하기 때문입니다. 신앙생활도 마찬가지입니다. 당연히 해야 할 일을 하지 못할 때가 있고, 도무지 할 수 없을 것 같은 일이 뜻밖에 성취되는 일이 드물지 않기 때문입니다. 특별히 기도생활이 그런 것 같습니다. 마땅히 삶 일부가 되어야 함에도, 낯설고 어색하며 서툴때가 잦기 때문입니다.

지난 금요일 밤에 처음으로 기도회를 가졌습니다. 6명이 모였습니다. 교회를 위한 기도제목을 나누며 함께 기도했습니다. 뜨겁게 찬양하며, 서로 위해 눈물로 기도했습니다. 가슴이 뜨거웠습니다. 드디어 우리 안에 기도하는 시간이 확보되었기 때문입니다. 함께 기도 할 '기도의 동지들'이 구성되었기 때문입니다. 함께 기도하면서 행복했습니다. 설명할 수 없는 용기와 위로를 얻었습니다. 하늘의 은혜입니다.

기도회를 시작하면서 "항상 기뻐하라. 쉬지 말고 기도하라. 범사에 감사하라"살전5:16~18는 말씀을 함께 나누었습니다. 기쁨과 감사 사이에 기도가 놓인 것이 예사롭지 않습니다. 기쁨과 감사의 삶이 우리 삶의 양 날개가 되어 우리를 하늘로 비상하게 하려면 중심축이 필요합니다. 바로 기도입니다. 기도가 중심축으로 삶을 온전히 지탱할 때, 그 축의 양 끝에 기쁨과 감사가 활짝 날개를 펼치게 되지요. 우리 안에 기도가 쉼 없이 이어져야 하는 이유가 바로 이것인가 봅니다.

곳곳에서 들려 오는 소리는 새해 벽두부터 암울하고 창백합니다. 회사들의 부도가 줄을 잇고, 미분양 아파트 단지는 불 꺼진 암흑가로 변하고 있습니다. 중동에서 들려오는 전쟁의 소식은 우리 마음을 더욱 울적하게 만듭니다. 하지만, 이런 힘든 시절에도 우리는 기뻐할 수 있습니다. 심지어 감사할 수 있습니다. 하늘을 향한 우리의 기도가 쉬지 않는 한 말입니다. 그래서 우리에게 기도는 예외나 기적이 아닌, 당연한 일상이 되어야 할 것입니다. 기도, 그것이 열쇠입니다.

새벽 이슬 같은 청년들

2008년 5월의 마지막 밤, 주사랑교회에 청년회가 탄생했습니다. 회원은 총 8명. 회장은 김민구, 총무는 황현주. 주사랑교회의 새로운 역사가 시작된 것입니다. 지난밤 우리의 겉모습은 절대 화려하지 않았습니다. 구성원들의 경력과 배경도 특기할 만한 것이 별로 없습니다. 그러나 그들은 분명 주사랑교회의 기둥입니다. 그들이 새로운 역사를 만들고, 그들의 이름과 행적은 교회의 역사에 기록될 것입니다. 그래서 지난밤 모임 자체가 하나의 역사입니다.

청년들이여, 여러분이 靑年임을 기억하십시오. 일송정의 푸른 소나무처럼, 거친 광야 한복판에서 생명의 절정을 살아가는 푸른 존재임을 기억하십시오. 시련 앞에서 기죽지 않는 당찬 용기와, 유혹을 정면으로 돌파하려는 용사의 기백을 보여주십시오.

청년들이여, 여러분이 주님의 弟子임을 명심하십시오. 골고다 언덕의 빈자리에 자신의 십자가를 세우겠다는 거룩한 열망Pia Desideria을 품으십시오. 하나님 나라와 복음을 위해 기꺼이 십자가를 지고 예수의 뒤를 따르십시오.

청년들이여, 여러분이 주사랑교회 信者임을 가슴에 새기십시오. 이 교회가 주의 사랑을 체험하고 실천하도록, 여러분의 삶을 거룩한 제물로 드리십시오. 이 교회가 하나님의 집이 될 수 있도록, 그리스도와 십자가, 그리고 복음을 들고 달려가는 순교자의 심장을 간직하십시오.

자신의 자리에서 깊은 밤을 견디고 새벽을 맞이하는 파수꾼처럼, 주사랑교회의 청년들이 과거의 어둠을 떨쳐 내고, 역사의 새벽을 깨우는, 새벽이슬 같은 청년들이 되길 소망합니다. 여러분, 사랑하고 축복합니다.

노림의 목회를 꿈꾸며

목회를 시작한 이후, 이따금 저를 괴롭히는 내적 갈등은 성장에 대한 부담과 이에 대한 저항 사이의 갈등입니다. 주사랑교회에 부임하며 몇 가지 꿈을 꾸었습니다. 그 중 하나는 한국교회의 대형화에 대한 의미 있는 대안을 제시하겠다는 다부진 포부였습니다. 생명체로서 교회가 성장하는 것은 지극히 당연합니다. 그러나 성장 자체가 목적일 순 없습니다. 더욱이 과도한 성장은 기형적 장애에 불과합니다. 그래서 모든 교회가 성장을 추구하면서, 동시에 교회의 대형화에 대해 우려하는 것입니다. 저도 같은 문제의식을 느끼고 있습니다.

하지만, 주사랑교회에 부임한 지 9개월을 맞이하면서, 어느새 내 안에도 교회성장에 대한 부담과 갈증이 꿈틀거림을 느끼고 깜짝 놀랍니다. 꾸준히 신자들의 수가 늘고, 교회가 조금씩 모양을 갖추어 가면서, 오히려 그런 부담에 가속도가 붙는 것 같습니다. 등록했던 신자가 소리 없이 교회를 떠나고, 소개받은 사람들이 슬며시 발길을 돌리는 모습을 보면서, 제 마음이 초조해지는 것 같습니다. 다른 목회자들처럼 목회에 전념할 수 없는 제 현실이, 또 목회자로서 아직 여러 면에서 설익은 저 자신을 발견하면서, 그런 부담이 가중되는 것 같습니다.

이번 주 내내 새벽기도를 드리면서, 흔들리는 마음을 다시 한 번 다듬을 수 있었습니다. 여전히 기도의 호흡이 깊지 못하고, 말씀의 깊이와 권세가 부족하며, 목양의 신비를 충분히 이해하지 못한 터라, 담임 목사로서 감당해야 할 모든 일이 여전히 부담스럽고 버겁습니다. 하지만, 이번 주 내내 '소유와 존재'의 차이에 대해 묵상하며, 목회자로서 '존재'의 기쁨을 누려야 한다는 소중한 가르침을 얻었습니다. 목회마저 경쟁과 분투의 대상이 된다면, 어찌 그 여정을 누릴 수 있겠습니까? 빨리 가려는 의욕, 높이 오르려는 욕망이 십자가를 가로막고 바벨탑을 동경하게 하지요.

조금 더 천천히 걸어야 할 것 같습니다. 결승점을 향해 전속력으로 질주하는 경마장의 기수보다, 로시난테를 타고 풍차를 향해 달려드는 돈키호테처럼, 목양의 길을 한껏 즐기며 저만의 속도로 걷고 싶습니다. 속도는 느리고, 방법은 서툴러도, 예수님처럼 순수하게, 성령님처럼 열정적으로 그리고 하나님처럼 신실하게 그 길을 완주하고 싶습니다. 성취욕에 불타오르는 저돌적 목회 대신, 과정을 즐기는 '느림의 목회'를 꿈꾸어 봅니다. 그래서 성장은 더뎌도, 존재 자체가 행복한 교회를 이루고 싶습니다. 이것도 지나친 욕심일까요?

꿈이 우리를 청년으로 만듭니다

수년 전 유학 중 잠시 귀국했을 때, 어릴 적에 다니던 교회를 방문한 적이 있었습니다. 담임 목사님을 만나 반가운 대화를 나누고 나서, 주차장에서 목사님과 헤어지게 되었습니다. 그때 목사님께서 자동차 창문을 여시면서 저에게 이렇게 말씀하셨습니다. "덕만아, 너는 꿈이 있어서 참 좋겠다." 그때 목사님의 목소리와 표정이 참 쓸쓸했습니다. 자신의 사역 후반기에 만난 젊은 목사 앞에서 목사님이 느끼셨던 쓸쓸함과 허전함이 저의 가슴에 참 아프게, 그리고 선명하게 전달되었습니다.

지난주 빅토리아 교회에서 예배 드릴 때, 담임 목사님의 설교 속에서 이런 이야기를 들었습니다. 그 교회에는 전직 대학교수이신 한 할머니가 계십니다. 오랫동안 학교에서 가르치셨고, 교회에서도 평생 교사로 헌신하신 분이십니다. 그러나 이제는 연세가 너무 높아, 거동도 하기 쉽지 않게 되었습니다. 학교, 가정 그리고 교회의 모든 일에서 은퇴하고, 조용히 노년을 보내고 계셨습니다. 그런데 며칠 전, 그 할머니가 목사님 사무실에 들어오면서 이렇게 소리쳤다고 합니다. "목사님, 하나님이 제게 주신 비전을 다시 찾았어요! 할렐루야!" 80이 넘은 꼬부랑 할머니가 자신의 비전을 발견했다고 기뻐하며 흥분하는 모습을 상상하며, 저의 눈에 눈물이 핑 돌았습니다.

육신은 굽어 거동조차 힘든 노인이었지만, 시므온과 안나는 "살아생전에 그리스도를 보겠노라"는 꿈을 가슴에 품고 일평생 성전을 지켰습니다. 육신은 늙었으나, 가슴 속의 꿈은 늙지 않았기에, 그 단조로운 삶에 영적 동력을 유지하며 살 수 있었습니다. 그리고 마침내 꿈을 이룰 수 있었습니다. 그러나 "재물을 버리고 나를 따르라!"는 주님의 권면 앞에, 재물에 대한 미련을 버리지 못하여, 주님의 거룩한 초대에 무거운 마음으로 등을 돌리던 청년 관원은 순식간에 청년의 열정과 꿈을 상실하며 '애늙은이'로 전락해 버렸습니다.

"육신은 늙어가나 속 사람은 날마다 새롭게 된다"라는 바울의 선언이 시원하고 호탕합니다. 하나님 나라에 대한 꿈속에서 밧모섬의 유배 생활을 "현재 임한 하나님의 나라"로 누렸던 요한의 호연지기가 부럽습니다. 70세의 나이에 "본토와 친척, 아비 집"을 떠났던 아브라함의 결단과 용기, 80세의 나이에 하나님의 약속 하나만을 의지하며 애굽의 심장을 향해 돌진하는 모세의 믿음과 당당함에 전율을 느낍니다. 이처럼 나이를 불문하고 청년의 가슴으로 오늘을 당당히 살아가는 멋진 신자들이 주사랑교회에 넘쳐나길 소망합니다. 꿈꾸는 자, 그가 바로 청년입니다.

사랑과 정성이 기적을 만듭니다

두 주간의 리모델링 공사가 마무리되었습니다. 주사랑교회의 두 번째 역사를 시작하는 과정에서 첫 관문을 무사히 통과한 것입니다. 재정도 전혀 준비되지 않은 상태에서 시작한 공사였습니다. 누구에게 이 일을 맡겨야 할지도 몰랐습니다. 얼마의 재정이 필요한지, 어느 정도의 기간이 소요되는 지도 가늠할 수 없었습니다. 그저 죽어가던 교회에 새 기운을 불어 넣고 싶었기에, 새벽마다 기도하며 이 일부터 시작하고 싶었습니다. 마음의 소망은 있었지만, 합리적 판단은 전무했던 일입니다. 믿음이라고 말하기도 부끄러운, 소박한 욕심과 무모한 시도였습니다.

그런데 2주일이 지난 오늘 주사랑교회는 훨씬 밝고 젊은 모습으로 다시 태어났습니다. 새로운 디자인과 도색 작업, 그리고 새로운 장치들이 설치되었기 때문이기도 하지만, 이 교회의 부활을 소망하며 인천에서 여기까지 달려와 힘든 공사를 기쁨으로 감당해준 사람들의 정성이 있었기 때문입니다. 작은 교회 세우는 일에 설레는 가슴으로 기꺼이 주머니를 열어준 분들의 넉넉함이 있었기 때문입니다. 이 부족한 종을 안쓰러움과 기대감 속에 바라보며 뒤에서 무릎으로 하늘을 감동시킨 영적 벗들의 사랑이 있었기 때문입니다.

그 정성과 사랑, 그리고 후덕함에 힘입어 이 공간이 이처럼 멋진 모습으로 '중생'한 것을 바라보며, 앞으로 이 자리에서 벌어질 '거룩한 일'에 대한 기대 속에 가슴이 뜨거워집니다. 모세가 떨기나무 속에 임한 하나님을 만났던 그 땅처럼, 이사야가 자신을 찾아온 스랍들을 만났던 그 성전처럼, 베드로가 성육신한 하나님의 아들을 만났던 그 해변처럼, 주사랑교회 예배당이 '사람이 신을 만나는 자리', '죄인이 의인으로 변화되는 자리', '절망의 삶이 희망의 삶으로 도약하는 자리'가 되길 소망합니다. 어둡고 절망의 기운이 가득했던 이 자리가 이렇게 환하고 희망의 동력이 꿈틀대는 자리로 다시 태어난 것처럼 말입니다.

김장하는 날

민구 형제 어머님이 우리를 위

해 배추를 선물로 주셨습니다. 바쁜 농사 일정 속에서도 저희 교회를 기억하시고, 60포기의 배추를 정성껏 재배해 주셨습니다. 종자도 제일 좋은 것으로 택하셔서, 배추 한 포기 한 포기를 사랑과 정성으로 키우셨습니다. 우리의 수고를 덜어주기 위해, 지난밤에 손수 밭에서 배추를 뽑아 깨끗이 다듬어 놓기까지 하셨습니다. 오전에 찬희 형제와 함께 부여로 달려가서 속살이 뽀얀 배추들을 자동차 트렁크에 가득 싣고 돌아왔습니다. 돌아오는 길이 마치 배에 가득 고기를 싣고 돌아오는 만선의 어부처럼, 그렇게 행복할 수가 없었습니다. 이번 김장은 가장 행복하고 넉넉한 김장이 될 것 같습니다. 배추에 담긴 어머니의 사랑 때문입니다. 역시 모심母心입니다.

가져온 배추를 아이들과 함께 집으로 옮겼습니다. 저희 집이 빌라 3층에 있기 때문에, 60포기의 배추를 옮기는 일이 절대 만만치 않았습니다. 그런데 아이들은 신바람이 나서, 가슴에 배추를 한 아름씩 안고 계단을 뛰어다녔습니다. 불평 없이 엄마 아빠를 도와 열심히 배추를 나르는 아이들을 바라보며 저는 무척 행복했습니다. 기저귀를 차고 기우뚱거리던 시절이 아직도 눈에 선한데, 이제는 부모의 일을 돕겠다며 제법 다부진 모습을 보였습니다. 그래서 하마터면 힘든 노동이 될 뻔했던 배추 옮기는 일이, 덕택에 신나는 가족놀이마당으로 변했습니다. 이번 김장 김치는 역사상 제일 맛있는 김치가 될 것 같습니다. 배추에 버무려진 아이들의 웃음과 땀방울 때문입니다. 역시 동심童心입니다.

오늘과 내일, 우리는 함께 김장을 할 것입니다. 여러 성도가 함께 저희 집에 모여, 요란스럽게 김장을 하겠지요. 누구는 배추를 씻고, 누구는 배추를 소금에 절이고, 누구는 양념을 마련하고, 누구는 무채를 썰고,

누구는 배추에 속을 넣으면서, 모두가 함께 김장을 할 것입니다. 뜨거운 밥에 새로운 김치, 그리고 보쌈에 맛있는 점심도 하겠지요. 생각만 해도 신나는 광경입니다. 무엇보다 주사랑교회 가족들이 함께 모여 담그는 김장이라 더욱 신명이 날 것입니다. 함께 떠들며, 함께 땀 흘리며, 함께 사랑하며, 함께 정성으로 만드는 김장이라 더 감동적일 것입니다. 그래서 이번 김장은 정말 재미있고 신나는 김장이 될 것 같습니다. 배추에 스며들 성도들의 정성과 우정 때문입니다. 정녕, 성심聖心입니다.

오 해피 밸런타인데이

밸런타인데이입니다. 어젯밤에 한 성도로부터 초콜릿 두 알을 선물 받았습니다. 자정에 금요기도회를 끝내고 집에 돌아왔는데, 주차할 곳이 없었습니다. 한참을 돌다가 집에서 멀찍이 떨어진 곳에 차를 세웠습니다. 어두운 골목길을 걸어오며 초콜릿을 꺼내어 아내와 하나씩 나누어 먹었습니다. 정말 맛있었습니다. 평소, 초콜릿을 즐겨 먹지 않지만, 지난밤의 초콜릿은 진짜 맛있었습니다.

집에 돌아왔더니, 아이들 셋이 우리 침대에 나란히 누워 곤하게 자고 있었습니다. 아이들을 자기들 침대로 옮기려다, 아내에게 그대로 두자고 했습니다. 대신 우리가 아이들의 침대로 가서 함께 누워 잤습니다.

일곱 난쟁이 침대에 누운 백설공주처럼, 꼬마들의 작은 침대에 웅크리고 잤습니다. 조금 불편했지만, 재미있었습니다. 행복했습니다. 그리고 오랜만에 늦잠을 잤습니다.

아침에 일어나 아이들이 자는 침대로 조용히 갔습니다. 이불 속으로 들어가 둘째 아이를 살며시 안았습니다. 스르르 눈을 뜬 아이가, "아빠 저것 보셨어요?"하고 졸린 눈을 비비며 물었습니다. 가리키는 곳을 보니, 책상 서랍 한쪽에 작은 메모가 달려 있었습니다. 거기에는 "2월 14일에 여시고, 이날 꼭 열어주시길 바랍니다. 소연"이라고 적혀 있었습니다. 열어보니, 금색종이로 포장된 초콜릿 하나와 편지가 들어 있었습니다. 편지에는 "아빠에게 이 밸런타인데이 초콜릿을 드릴게요. 2009년 2월 14일. 둘째 딸 소연 올림"이라고 쓰여 있었습니다. 저는 아이를 다시 한번 꼭 안을 수밖에 없었습니다.

성도로부터 받은 두 알의 초콜릿과 딸 아이로부터 받은 작은 가나 초콜릿. 이번 밸런타인데이에 이 작은 두 초콜릿이 저를 무척 행복하게 했습니다. 달콤한 초콜릿 때문만이 아니라, 제가 사랑하고 섬겨야 할 소중한 보물들을 다시 한번 확인할 수 있었기 때문입니다. '작은' 초콜릿 속에 담긴 그들의 '하늘만큼 땅만큼' 커다란 사랑과 감사를 보았기 때문입니다. 저의 남은 생애가 늘 이번 밸런타인데이만 같았으면 좋겠습니다. Oh, Happy Day!!!

영등포의 슈바이처와 세계최대의 감리교회

'영등포의 슈바이처'로 불리던 선우경식 박사가 지병인 위암으로 세상을 떠났습니다. 그는 가톨릭 의대를 졸업했고, 미국 유학을 했으며, 한림대 병원에서 과장으로 근무했던 장래가 보장된 의사였습니다. 그런 그가 1983년부터 서울 관악구 신림동에서 의료봉사 활동을 시작하고, 1987년에는 사재를 털어 무료자선병원인 '요셉의원'을 설립하여, 지난 20여 년간 신림동과 영등포에서 도시빈민, 노숙인, 외국인노동자 등 43만 명을 무료로 치료해 주었습니다. 독실한 가톨릭 신자인 그는 결혼도 하지 않은 채 이 사회의 가장 낮은 자들을 섬기다 63세의 나이에 홀연히 세상을 떠났습니다. 그가 세상을 떠날 때, 그가 이 땅에 남긴 유일한 소유물은 '의사자격증' 하나뿐이었다고 합니다.

세계 최대의 감리교회인 금란교회의 김홍도 목사가 은퇴한다는 소식을 들었습니다. 그는 1971년, 당시 24평 교회건물에 75명 정도의 신자가 있던 금란교회에 부임하여, 현재 12만 명의 성도를 보유한 세계최대의 감리교회로 성장시켰습니다. 그는 기독교대한감리회 감독회장과 한국기독교교회협의회 대표회장, 그리고 아세아연합신학대학교 이사장을 역임했습니다. 이처럼 그는 목회자로서 그 누구에게 뒤지지 않는 엄청난 업적을 이루었습니다. 그런 그가 이번에 은퇴하며 자신의 자리를 아들에게 물려주었습니다. 소위 '교회세습'을 한 것입니다. 자신이 이룬

평생을 업적을 아들에게 물려줌으로써, 그 영광이 대물림되도록 한 것입니다.

한 사람은 천주교 평신도요 다른 사람은 개신교 목회자입니다. 한 사람은 자신의 기득권을 포기하고 평생 세상의 변두리에서 살았으나, 다른 사람은 평생 자신의 기득권을 만끽하며 세상을 호령했습니다. 한 사람은 세상을 떠날 때, 한 평의 땅 하나 자신의 이름으로 남기지 않았으나, 다른 사람은 자신의 자리를 물려서며, 그 모든 것을 아들에게 그대로 세습했습니다. 두 사람의 뒷모습을 바라보며 왜 저의 가슴이 그렇게 허전할까요? 천주교의 소박함 앞에 개신교의 웅장함이 더욱 초라해 보입니다. 평신도의 호연지기 앞에 목회자의 독선과 아집이 더욱 수치스럽게 드러나는 것 같습니다. 오늘따라 벗은 모습으로 십자가에 달린 주님의 모습이 자꾸만 눈에 밟힙니다.

아침에 듣는 미가 선지자의 예언

아침에 미가 선지자의 다음과 같은 말씀을 읽었습니다. "사람아 주께서 선한 것이 무엇임을 네게 보이셨나니 여호와께서 네게 구하시는 것이 오직 공의를 행하며 인자를 사랑하며 겸손히 네 하나님과 함께 행하는 것이 아니냐"미6:8 말씀을 묵상하며, 가슴이 뭉클해졌습니다. 미가 선지자의 선언처럼, '정의'는 결코 추상적 사색의 대상이 아닌, 구체적이고 담대한 실천의 내용이어야 합니다. '인자' kindness 즉, '친절' 은 모호한 도덕적 구호가 아닌, 우리가 몸으로 살아야 할 성결의 핵심입니다. 또한, 우리가 하나님을 따르고자 할 때, 우리에게 가장 중요한 덕목은 '겸손' 입니다. 정녕, 종교적 능숙함이 아닙니다.

사회 곳곳에 부정의 세력이 득실거리고 있습니다. 기업인들과 정치가들이 그 부정을 주도하고 있습니다. 종교라고 예외일 수 없습니다. 더욱 안타까운 것은 그 부정이 교회 안에서 심각하게 고민되지 않는다는 것입니다. 정의에 대한 무관심, 혹은 맹목적 용서는 사랑이 아니라 타락의 증거일 뿐입니다. 이 세상에서 정의를 외치는 교회의 결연한 모습이 어느 때보다 절실합니다. 또한, 무례한 그리스도인들이 넘쳐납니다. 그리스도인들의 수가 적절한 통과의례 없이 급증했기 때문일 것입니다. 신앙이 예의를 갖추지 못할 때, 그 신앙은 무서운 폭력의 도구로 전락합니다. 그리스도인이 친절을 사랑해야 하는 이유가 여기에 있습니다. 그뿐만 아니라 하나님 앞에 겸손하지 않은 신앙인들이 점증하는 것도 한국교회의 큰 고민이요 아픔입니다. 하나님 앞에서도 겸손하지 않은 사람들이 세상에서 어떤 모습으로 살아갈지는 너무나 자명하기 때문입니다. 하나님 앞에서 겸손하지 않은 것은 불신의 다른 표현이고, 우상숭배의 첩경이며, 이 땅의 영적 축대가 허물어지는 참담한 비극입니다.

우리 안에서 미가 선지자의 안타까운 선언이 구체적 열매를 맺게 되길 소망합니다. 하나님의 법이 우리의 등과 빛이 되어, 삶의 다양한 관계 속에서 '공의' 가 실현될 수 있길 바랍니다. 그리스도의 마음을 닮아가는 거룩한 몸부림 속에서 '인자' 가 성령의 열매로 주렁주렁 맺혀지길 바랍니다. 그리고 하나님을 따라가는 제자들의 결연한 행보 속에서, '겸손'이 하늘의 표징으로 삶 속에 드러나길 바랍니다. 그렇게 우리의 삶 속에서 하나님의 예언이 구체적으로 실현되길 간절히 기원합니다.

주님, 다시 뛰겠습니다

새벽에 일어났습니다. 피곤했습니다. 샤워를 하면서 정신을 차렸습니다. 거의 밤을 새운 아내는 신음을 내며 침대에서 일어나질 못했습니다. 저는 조용히 불을 끄고 집을 나와, 혼자서 교회로 향했습니다. 아내 없이 혼자 새벽예배를 드리러 가는 마음이 무척 허전했습니다. 우연일까요? 그날 새벽예배에는 저 외에 아무도 오지 않았습니다. 지난 1년 동안 처음 있는 일이었습니다. 그래도 평균 4~5명이 함께 새벽을 지켰었는데, 당혹스러웠습니다. 쓸쓸했고요. 어떻게 해야 하나?

마음이 무거웠습니다. 속도 상했습니다. 자신의 처지가 초라하게 느껴졌습니다. '개척교회의 현실이 이런 것이구나? 드디어 올 것이 오고야 말았구나?' 별생각이 다 들었습니다. 몸에서 기운이 빠져나가는 것 같았습니다. 하루하루 살얼음판을 걷듯이 그렇게 1년을 가슴 졸이며 견뎌왔는데, 1년 만에 다시 원점으로 돌아가는 것 같아, 마음이 허탈하고 두려웠습니다. "주님!" 소리가 한숨처럼 탄식처럼 제 입에서 흘러나왔습니다.

　잠시 당황했던 저는 찬양을 들으며, 큰 소리로 말씀을 낭독하기 시작했습니다. 이어서 조용히 눈을 감고 말씀을 묵상하고, 기도를 드렸습니다. 성도들의 이름을 하나씩 호명하며 작은 소리로 시작했던 기도는 어느덧 큰 소리의 방언으로 변했습니다. 내 곁에 하나님 외에 아무도 없다는 현실이 무섭기도 하고, 동시에 이제야 무언가를 깨달은 것 같아 속이 후련해졌습니다. 기도를 마친 저는 체육관으로 달려가 미친 듯이 러닝머신 위를 달렸습니다. 온몸이 땀에 흠뻑 젖을 때까지, 빈 마음이 다시 채워질 때까지 달리고 또 달렸습니다.

　주사랑교회에 부임한 지 1년이 다가오는 이 시점에서, '왜 하나님은 그런 경험을 하게 했을까?' 생각해 보았습니다. '초발심'을 잊지 말라는 뜻이겠지요. '첫사랑'을 잊지 말라는 경고겠지요. 선 줄로 생각하지 말라는, 이미 잡은 줄로 생각하지 말라는 따가운 훈계겠지요. 처음부터 다시 시작하라는 채찍이겠지요. 사람을 의지하지 말고, 하나님만 바라보라는 호통이겠지요. 그런 생각들로 저의 빈 마음이 채워졌습니다. 잠시 가슴이 허전하고 아팠지만, 오랫동안 품어야 할 큰 교훈을 얻었습니다. 하나님은 그렇게 새벽을 깨우듯 저의 영혼을 깨웠습니다. "주님, 다시 뛰겠습니다."

종교개혁 기념 주일을 지나며

10월 마지막 주일은 종교개혁 주일입니다. 1517년 10월 31일, 당시 가톨릭교회 사제였던 마르틴 루터가 가톨릭교회의 면죄부 판매에 대한 저항의 표시로 비텐베르그 성교회의 문앞에 "95개조 반박문"를 게재했던 날을 기념하기 위함입니다. 돈을 주고 구원을 살 수 있다는 타락한 신학과 무리하게 바티칸성당을 재건하려던 교황의 탐욕으로 가톨릭교회는 끝없이 추락했고, 이런 교회를 구하겠다고 마치 '풍차를 향해 달려드는 돈키호테' 처럼, 개혁자들이 로마 가톨릭교회를 향해 일어섰던 것입니다. 그 결과 교회는 갱신되었고, 개신교회가 역사 속에 출현하였습니다. 그 자랑스러운 역사의 한 끝에 오늘 우리가 서 있는 것입니다.

얼마 전 어느 교수님을 뵈었더니, "배 교수님, 10월에는 바쁘시죠?"라고 묻더군요. 저는 잠시 어리둥절해서 "왜요?"라고 반문했습니다. 그분이 그러더군요. "10월은 교회사 교수들의 대목 아닙니까? 종교개혁 주일이 있으니까요." 저는 10월에 종교개혁 때문에 어디에 불려가 본 적이 없었으므로, 그분의 말씀이 무척 당혹스러웠습니다. 하지만, 10월이 되면 신학대학교마다 종교개혁 기념강좌를 개최하는 것이 사실입니다. 대부분 목회자도 10월 마지막 주일에는 종교개혁에 관한 설교를 합니다. 올해도 변함없이 한국교회는 그렇게 종교개혁 주일을 보냈습니다. 491번째 종교개혁 주일을 말입니다.

그렇게 또 한 번 종교개혁 기념 주일이 지났지만, 개신교회는 무참

한 비난과 조롱의 대상으로 추락하고 있습니다. 개혁에 대한 목소리는 곳곳에 높지만, 회개의 통곡소리는 좀처럼 듣기 어렵습니다. 붉은 십자가의 불빛이 밤하늘을 뒤덮고 있지만, 세상은 점점 더 춥고 깜깜해지는 것 같습니다. 세계복음화를 위한 선교의 열정은 뜨겁지만, 세상의 구원은 점점 더 아득해지는 느낌입니다. 심지어 종교개혁을 기념하는 일도 개혁을 위한 처절한 반성의 몸부림 대신, 또 하나의 번거로운 연례행사로 '처리' 되는 것만 같습니다. 보름스 의회에서 교황의 협박에도 굴하지 않고 진리를 수호했던 루터의 이 한 마디가 오늘따라 가슴을 더 강하게 울립니다. "하나님, 나를 도우소서! 아멘." 한국교회를 위해 통곡하며 기도합시다.

진정한 성결을 꿈꾸며

4박5일간 일본을 다녀왔습니다. 일본성결교회의 대표적 신학교인 동경 성서학원에서 양국의 역사가들이 성결운동에 대한 공동 심포지엄을 열었습니다. 성결교회를 세운 동양선교회 설립자 찰스 카우만과 어네스트 길보른 그리고 일본성결교회의 대표적 지도자 나카다 주지가 세운 학교였습니다. 오랫동안 말로만 들었던 학교, 한 번쯤 꼭 방문해서 꼭 걸어보고 싶었던 캠퍼스였습니다. 그 학교를 학자가 되어 논문을 발표하기 위해 참석했기에, 개인적으로 더욱 의미 있고 가슴 벅찬 경험이었습니다.

동경 성서학원과 대표적 교회들을 방문하면서, 여러 가지 상념이 떠올랐습니다. 무엇보다 한국 성결교회 탄생의 모판이 되었던 일본 성결교회가 여러 면에서 초라하게 늙은 것 같아 마음이 아팠습니다. 예전에 세운 신학교와 교회들은 그대로 있었습니다. 작고 아담하면서 고즈넉한 분위기의 건물들이었습니다. 만나는 사람마다 친절하고 경건하고 거룩했습니다. 그런 면에서 성결의 전통이 잘 보존되었다는 인상을 받았습니다.

그러나 성결교회의 또 다른 전통인 '성령의 열정'은 느낄 수 없었습니다. 북 치고 장구 치며 길거리를 누비던 전도의 열정, 사회의 소외된 자들을 위해 과감히 투신했던 사랑의 열정, 성령의 강력한 임재 속에 체험했던 신비의 열정 등은 좀처럼 확인할 수 없었습니다. 사중복음의 교리적 전통은 보존하고 있으나, 사중복음의 신앙적 권능은 현대화된 사회 속에서 슬그머니 소멸한 듯 보였습니다. 그래서 일본 성결교회들, 그 교회의 지도자들과 성도들 속에서 인격적 성숙은 볼 수 있었으나, 영적 생기는 느낄 수 없었던 것 같습니다. 성결의 복음과 권능이 반쪽만 남아 있는 듯해서, 괜히 쓸쓸하고 서글펐습니다.

물론 우리가 성령의 그 오묘하고 광대한 섭리와 영역을 낱낱이 체험하고 파악할 순 없을 것입니다. 그러나 우리의 전통과 현실이 성령의 역사를 제한하고 축소 시킴을 당연시하고, 혹은 그런 상황에 만족한다면, 이 또한 바람직하지 않을 것입니다. 이것은 어쩜 한국 성결교회가 그리고 주사랑교회가 묵묵히 걸어가야 할 길이 아닌가 생각합니다. 성령을 통한 '거룩한 성품과 역동적 열정', 우리가 추구해야 할 이 시대의 신앙적·신학적 뽓대임이 틀림없습니다. 갈 길이 멀지만, 그래도 가야 할 길입니다. 그 길을 우리 함께 갑시다. 꾸준히 끝까지.

돌아보는 걸음마다 은혜였습니다

오늘은 사무총회의 날입니다. 작년에는 저 혼자서 사무총회를 했었습니다. 우리 가족밖에 없는 교회에서 홀로 새해 목회계획을 세우고, 상상력을 동원해서 예산을 편성했습니다. "이렇게 목회계획을 세웠지만, 신자들이 없으면 이것이 무슨 소용일까?" "내년에 목회자 사례비는 고사하고 교회 월세나 제때에 낼 수 있을까?" 하는 생각을 하면서, 정말 상상력과 황당한 소망을 결합하여 교회 예산을 편성하여 지방회에 제출했습니다. 정말, 그 순간에는 막막하고 황망했습니다.

비록 당시에는 눈에 보이는 것, 손에 잡히는 것 하나 없었지만, 저는 주님께 몇 가지 증거를 보여달라고 기도했습니다. 첫째, "주님, 2008년에 7가정을 보내주세요." 둘째, "주님, 저희에게 필요한 재정을 공급해주세요." 셋째, "주님, 이 교회의 죽은 예배가 살아나게 도와주세요." 대전에 아는 사람 한 명 없는 현실에서, 도와줄 사람 하나 없는 상황에서, 그리고 교회는 완전히 죽어서 문이 닫혔던 상태에서, 정말 무에서 시작해야 했습니다. 그러나 작은 믿음으로 교회를 수리하고, 예배를 다시 시작하며, 작은 옥합을 깨어 드렸습니다. 그리고 1년이 지났습니다.

오늘의 총회를 준비하면서, 지난주에 교회 회원들을 점검했습니다. 지난주까지 정리된 출석부에 주사랑교회 회원 수가 정확히 28명이었습니다. 제가 기도드렸던 7가정(어른 2명, 아동 2명), 즉 28명과 정확히 일치하는 수였습니다. Wow!!! 오늘 새벽에 작년도 지방회에 보고했던 총회록을 꺼내 보았습니다. 총회록에는 2008년 예산이 22,900,000원으로 기록되어 있었습니다. 그런데 올해 결산보고서를 검토해 보니, 2008년도 총수입 29,717,634원 그리고 총지출 27,675,570원으로 되어 있었습니다. 할렐루야!!! 예배도 마찬가지였습니다. 새벽예배도 거의 예외 없이 드렸고, 주일예배와 수요예배도 늘 예기치 못했던 사람들이 참석해서, 풍성하고 행복한 예배와 친교 시간이 되었습니다. 상상력으로, 황당한 믿음으로 드린 기도였는데, 그 상상력과 믿음이 오늘 현실이 되었습니다.

오늘 총회를 통해, 또 다른 꿈과 소망을 품어 봅니다. 지난 한 해 동안 주사랑교회를 기적의 연속으로 충만케 하셨던 주께서 내년에는 또 어떤 은혜와 축복으로 우리를 놀라게 하실지 정말 기대가 큽니다. 늘 우리의 생각을 초월하시고, 언제나 우리를 놀라게 하시는 하나님께서 내년 사무총회 때에는 또다시 어떤 경이적인 결과를 우리에게 선물로 주실지 모르겠습니다. 요즘같이 어려운 시절에, 지난 한 해 동안 경험한 주님의 은혜를 깊이 가슴에 새기면서, 다시 한번 희망 속에 2009년을 시작해 봅시다. 정녕, 주께서 우리와 함께 하십니다. Immanuel!!!

사순절의 달력을 넘기며

닫혔던 주사랑교회의 문을 다시 여신 주님의 뜻을 자주 묻게 됩니다. 이 교회 문을 두드리는 분들의 삶 또한 만만치 않음을 보며 물음의 골은 더 깊고 복잡해집니다. 주님의 가슴을 들여다볼 길이 없어 가슴은 답답하고, 머리는 혼란스럽습니다. 하지만, 이 땅에 성전이 교회로 거듭나려고, 예수께서 십자가와 음부라는 죽음의 골짜기를 통과해야 했지요. 교회의 파괴자 사울이 복음의 전도자 바울로 다시 태어나고자 눈이 머는 고통의 시간을 견디어야 했지요. 환란과 수난 속에 하늘의 비밀이 담긴 것 같아 갑자기 가슴이 두근거립니다.

사순절을 보내고 있습니다. 신앙인에게 가장 거룩한 40일입니다. 골고다를 거쳐 부활에 이른 예수의 성스러운 여정 40일을 기념하는 날들입니다. 예수의 마지막 모습을 잊지 않으려고, 그리고 그 죽음과 부활을 통해 우리에게 전해진 하늘의 메시지를 망각하지 않으려고, 죄인들이 몸부림치는 비장한 시간입니다. 그래서 죄인이 성인으로 거듭나고, 지옥으로 돌진하던 세상이 천국으로 방향을 돌이키는 기적의 순간입니다. 사람은 하늘의 형상을 회복하고, 세상은 저주의 올무에서 벗어나며, 하늘과 땅은 한층 그 틈이 좁혀지는 카이로스(하나님의 시간)입니다.

사순절이 사순절다웠으면 좋겠습니다. 죽음의 공포를 십자가의 능력으로 떨쳐버렸던 예수처럼, 살벌한 폭력의 세상에서 생명과 부활의 신비를 체험하는 40일이 되길 바랍니다. 자신이 입으로 가르친 천국의 진리를 자신의 몸과 죽음으로 증명했던 예수처럼, 말만 무성하고 공허한 세상에서 실천과 희생의 능력을 목격하는 40일이 되길 바랍니다. 아우성치는 성난 군중 틈에서 끝까지 침묵하셨던 예수처럼, 소음의 도시 한복판에서 침묵의 용기와 힘을 증명하는 40일이 되길 바랍니다. 그 덕택에 이 세상에 예수의 흔적, 십자가의 능력 그리고 복음의 광채가 더욱 뚜렷이 나타나길 바랍니다. 사순절입니다.

당신이 진정한 챔피언입니다

최요삼이란 권투선수의 죽음을 많은 사람이 안타까워합니다. 침체에 빠진 한국권투를 다시 살려보겠다며 30대 중반의 나이에 다시 링으로 돌아왔습니다. 하지만, 그는 성탄절에 타이틀을 방어한 직후, 뇌출혈로 쓰러졌다가 끝내 깨어나지 못했습니다. 권투에 대한 그의 열정과 사랑 그리고 링에서 보여준 그의 초인적 정신력은 그를 아는 이들에게 '권투선수 최요삼' 뿐만 아니라, '인간 최요삼'을 사랑하게 하였습니다.

하지만, 사람들이 결국 그의 앞에서 눈물을 떨어뜨리게 된 것은, 많은 이들의 응원과 바람에도 끝내 그가 뇌사 판정을 받았고, 이어서 그의 장기가 일곱 사람에게 이식되어 그들의 생명을 살렸다는 뉴스를 듣게 되었기 때문입니다. 살아 있을 때는 멋진 경기로 팬들을 열광시켰고, 권투에 대한 사랑과 초인적 의지로 그의 경기를 지켜본 이들을 감동시키더니, 최후에는 거룩한 죽음으로 그의 마지막을 숨죽이며 지켜보던 모든 이들을 숙연하게 만들었습니다. 비록 그가 그토록 꿈꾸었던 세계챔피언 벨트를 다시 찾아오진 못했지만, 우리는 모두 그를 '진정한 챔피언'으로 기억하게 되었습니다. 우리에게 존경하고 기억할만한 '챔피언'이 되어 준 그가 정말 고맙습니다.

최요삼 선수에 관한 기사를 읽으면서, 그리스도인으로서 많은 고민을 하게 됩니다. 동시에 최요삼의 마지막을 모두가 슬퍼하는 순간, 인터넷에 기독교에 대한 공격과 저주의 글이 수없이 올라오는 광경을 목격하며, 마음이 무척 착잡합니다. 한 작은 권투선수의 죽음에 전 국민이 감동하고 안타까워하는데, 1천만의 신도 수를 자랑하는 거대한 기독교는 비판과 저주의 대상으로 전락하고 있습니다. 너무 가슴이 아픕니다.

하지만, 저는 기독교에 대한 비판은 기독교에 대한 기대의 다른 표현이라고 생각합니다. 사랑의 반대말이 무관심이라면, 반기독교적 정서는 기독교에 대한 세상의 관심이 아직도 살아 있다는 반증이기 때문입니다. 동시에 교회는 최요삼 선수에게서 배워야 합니다. 최요삼에게 열광하는 이 시대를 이해할 필요가 있습니다. 한국교회가 그리스도에 대해 열정을 되찾는다면, 불의가 판치는 세상에서 진리를 향한 의지를 되살린다면, 그리고 낮은 자들을 향해 자신의 것을 희생할 용기와 사랑을 회복한다면, 한국의 기독교도 전정한 챔피언의 자리에 오를 수 있지 않을까요? 최 선수의 열정, 의지 그리고 희생을 교회가 배울 때입니다.

신앙의 금메달을 위하여

무더운 8월의 세상이 베이징 올림픽의 열기로 무척 뜨겁습니다. 메달을 향한 선수들의 처절한 몸부림, 영화보다 더 극적인 경기에 감동하는 관중 그리고 메달의 색깔이 결정될 때면 엇갈리는 경기장의 희비. 전 세계의 사람들이 경기장의 선수들만큼 긴장하며 텔레비전 앞에 모여, 이 여름의 끝을 보내고 있습니다. 희미했던 애국심에 불을 지피고, 메말랐던 남자의 눈에서 눈물을 흘리게 하며, 전 세계인들의 시간을 붙들어 매는 그 힘은 도대체 어디서 나오는 걸까요? 새삼, 스포츠의 힘과 매력에 짜릿한 전율마저 느낍니다.

주사랑교회도 그 어느 때보다 뜨겁게 8월을 보내고 있습니다. 두 주간 동안 저녁기도회, 수련회 그리고 부흥회를 했습니다. 하늘의 은혜를 갈구하는 성도들의 열정적 기도, 바람처럼 불처럼 교회 위에 임하는 하나님의 거룩한 영, 그리고 성령의 임재 속에 경험하는 천상의 환희. 적은 수의 사람들이 처음부터 마지막까지 예배당에 모여, 8월의 더위보다 더 뜨거운 열정으로 기도의 밤을 보냈습니다. 무엇이 싸늘한 가슴에 불을 붙이고, 굳게 닫혔던 입을 열게 하며, 말랐던 눈물샘이 터지게 했을까요? 왜 우리는 그토록 진지하게 말씀에 귀 기울이고, 목이 쉬도록 처절하게 기도했으며, 불붙은 가슴으로 흐르는 눈물로 찬양했을까요? 새삼, 기도의 힘과 성령의 능력 앞에 할렐루야와 아멘을 연호하게 됩니다.

올림픽이 영화보다 더 감동적인 드라마가 되는 이유는 이날을 위해 지난 4년간 흘린 선수들의 땀과 눈물 때문입니다. 죽음보다 더 무섭고 힘들었던 훈련이 그들을 탁월한 선수로 우뚝 서게 하였던 것입니다. 또 그렇게 눈물겨운 수고의 결과로 얻은 메달이었기에 그것이 영광과 감동이 될 수 있었던 것입니다. 신앙생활도 마찬가지입니다. 기도의 용사가 되려고, 말씀의 사람이 되고자, 성결한 신자가 되려고 그리고 주사랑교회가 되려고 더 많은 눈물과 더 깊은 탄식, 더 뜨거운 기도와 더 열정적인 찬양 그리고 더 가혹한 훈련과 더 용감한 실천이 필요합니다. 신앙의 금메달을 감동과 영광 속에 쟁취할 그날까지, "주사랑교회여, 파이팅!"

기적과 감사의 한 해를 보내며

돌아보니 어느새 1년이 지났습니다. 아득한 순간들이었는데, 순식간에 지나간 시간이기도 했습니다. "앞으로 1년이 어떻게 지날까?" 참으로 암담한 심정 속에 아내와 단둘이서 집에서 드렸던 첫 새벽 기도 시간이 생각납니다. 그러나 그 새벽에 주께서 우리에게 눈물을 주셨습니다. 아직 주님께 돌아오지 못한 처가댁 어른들을 위해 기도하다 우리는 엉엉 울고 말았습니다. 그때 주님은 우리 마음을 위로하며, 희망을 주셨습니다. 성도 한 명도 없이 우리끼리 드린 예배였는데, 그 순간 '성령'께서 우리 가운데 계셨음을 깨닫게 하셨습니다. 다른 이들이 없어도, 주께서 우리와 늘 함께 하시리라는 확신을 주셨습니다. 그렇게 시작한 1년이 이렇게 지난 것입니다.

지난 1년을 돌아보면서 감사 드려야 할 분들이 떠오릅니다. 무엇보다 하나님의 은혜를 어찌 잊겠습니까? 처음부터 마지막까지 오로지 주님의 은혜요 축복이었습니다. 교회 리모델링을 위해 아낌없이 헌금해 주신 분들을 기억합니다. 덕택에 지하교회의 누추함을 벗을 수 있었고, 새로 시작하는 교회에 첫 도움의 손길이 되어 주셨습니다. 일 년간 주사랑교회를 위해 아낌없이 후원해 주신 분들의 사랑을 어찌 잊을 수 있겠습니까? 덕택에 개척교회의 가난을 극복할 수 있었고, 주어진 사역을 넉넉히 감당할 힘을 얻었습니다. 한 해 동안 새벽기도회를 지켜주신 분들이 있습니다. 가장 고독하고 막막한 시간을 오히려 은혜와 축복의 기회로 역전시킨, 하늘이 보낸 사랑의 전령들이었습니다. 덕택에 개척교회의 고독을 견딜 수 있었습니다. 무너진 교회가 다시 일어날 수 있도록, 이 지하교회를 찾아와서, 이 교회를 사랑하고, 이 교회를 지켜주신 우리 교우들의 믿음과 우정은 정녕 기적이었습니다. 이 시대에도 하나님은 여전히 역사하고 있다는 초강력 증거였습니다. 덕택에 죽었던 교회가 부활했습니다.

이렇게 한 해가 지나고, 새로운 한 해가 우리를 기다리고 있습니다. 지난 시간 동안 우리와 함께 하신 주님을 기억하며, 새해에 대한 새로운 희망과 기대에 가슴이 부풀어 오릅니다. 지난 한 해를 기적의 기록들로 채우신 하나님께서, 새해에는 또 어떤 기적들로 우리를 놀라게 하실지, 심령이 떨립니다. 또한, 우리를 몸과 마음으로 사랑해 주신 모든 분께 진심으로 감사드리며, 그 사랑과 감사가 내년에도 중단 없이 지속하길 소망합니다. 모든 것이 정녕 기적이며, 그저 감사일 뿐입니다.

주님, 감사합니다

주사랑교회에 취임하는 날이 마침 추수감사절입니다. 묘한 우연인지, 기막힌 필연인지 모르겠습니다. 사람의 눈엔 우연일 수 있겠지요. 그러나 하나님의 눈엔 분명히 필연일 것입니다. 그래서 이 순간이 의심스러우면서도 그렇게 편할 수가 없겠지요.

어떤 이들은 멀쩡하게 대학교수로 있던 사람이 신자 한 명 없는 지하교회의 담임목사로 취임하는 것을 쉽게 이해할 수 없을 것입니다. 그들의 눈에 저의 결단은 어설픈 객기나 세상물정을 모르는 이상주의자의 무모한 행동으로 비칠지도 모르겠습니다. 혹은 어떤 이들에게 저의 모습은 현실의 안락을 자발적으로 포기한 젊은 신학자의 영웅적 결단으로 보일지도 모르겠습니다.

그러나 제가 목회를 하겠다고 나선 것은 무모한 객기도 아니며, 영웅적 결단은 더더욱 아닙니다. 함석헌 선생이 자신의 생을 '하나님의 발길에 차인 인생'이라고 정의한 것처럼, 저 또한 하나님의 발길에 차여 이 자리에 서게 되었을 뿐입니다. 오래전에 주님을 따르겠다고 신학을 공부하기 시작했습니다. 그리고 안수를 받았습니다. 그러나 그동안 제 안에는 목회에 대한 근원적 두려움이 가득했습니다. 새벽에 일어나는 일이 힘들고, 설교하는 것이 두렵고, 전도하는 것이 어색하고, 상담할 때마다 당혹스럽기만 한 제가 목회는 무슨 목회….

그런데 참 이상하더군요. 하나님의 정교한 발길질은 어느 순간부터 저를 이 자리로 기막히게 드리블해 오셨기 때문입니다. 지난 여름부터 제 안에 목회에 대한 강한 열망이 일어나기 시작했습니다. 도저히 못할 것만 같더니, 이제는 하나님이 허락하면 할 수 있겠다는 자신 혹은 기대가 생겨났습니다. 아니 목회를 하고 싶다는 마음에 가슴이 설레기 시작했습니다. 그리고 오늘 하나님은 막연했던 그 느낌을 명백한 현실로 바꾸어 주셨습니다. 하나님은 정말.

그래서 이 감사절에 취임하게 된 것이 우연이 아닌, 필연으로 믿어지는 것입니다. "당했다!" "꼬였다!" "이젠 죽었다!"란 두려움과 패배감, 혹은 배신감의 탄식이 아닌, "주님, 제게 또 은혜를 주셨군요. 또 한 번 극진한 사랑을 베푸셨군요. 내 잔이 철철 넘치나이다"라고 감사의 기도를 올릴 뿐입니다. 인간의 생각보다 늘 앞서 가시며, 당신의 양떼를 선한 길로 인도하시는 주님께 오늘은 그 어느 때보다 지극한 마음으로 감사를 드리고 싶습니다. 주님, 감사합니다!

소의 해에는 소같이 살아야지요

새해가 밝았습니다. 2009년, 소의 해입니다. 소의 해를 맞이하여 몇 가지 생각들을 나누고자 합니다.

먼저, 소는 화려하지 않지만 우직한 멋이 있습니다. 공작의 현란한 깃털을 갖고 있지도 못합니다. 사자의 위엄 있는 갈기도 없습니다. 호랑이나 표범의 품위 있는 가죽도 갖추고 있지 못합니다. 몸매는 어딘가 균형이 맞지 않고, 걸음걸이는 불안하며, 빛깔도 황토색으로 촌스럽습니다. 하지만, 약간은 불균형적이고, 불안정하며, 촌스러운 그 모습이 왠지 모르게 정감이 갑니다. 그래서 추하지 않고 밉지 않습니다. 우리 보통사람의 모습을 참 많이 닮았습니다.

둘째, 소는 민첩하지 않지만 게으르지 않습니다. 들판을 질주하는 치타처럼 영웅적 스피드를 갖고 있지 않습니다. 나무 사이를 번개같이 날아다니는 원숭이처럼 순발력도 탁월하지 않습니다. 그래서 오늘날처럼 '광속', '무한질주', '빨리빨리'가 시대의 화두가 된 세상에서 그의 모습은 참 부적절하고 못마땅해 보입니다. 하지만, 아침부터 묵묵히 밭을 가는 소의 모습을 바라보며 안도의 한숨과 마음의 평안을 얻습니다. 참 듬직합니다.

끝으로, 소는 단순한 재산이 아닌, 희망입니다. 소는 애완용 가축이 아닙니다. 소는 먹으려고 키웁니다. 돈을 벌려고 사육합니다. 그래서 소는 재산이고, 사업입니다. 그런데 먹으려고 키우는 짐승들은 소 외에도 많습니다. 돈을 목적으로 사육하는 동물도 소 외에 얼마든지 있습니다. 같은 식용, 같은 사업용이지만, 소에는 다른 의미가 있습니다. 소를 키우던 사람들에게 소는 미래요 꿈이었습니다. 희망이었습니다. 그래서 소를 함부로 키우지 못합니다. 소를 개 취급할 수 없는 이유가 바로 그것입니다.

올해가 소의 해라니 기분이 좋습니다. 소의 우직한 멋, 듬직한 모습, 그리고 희망의 감정이 올해 우리 모두에게 예전과 다른 차원의 복을 안겨줄 것 같아서 말입니다. 주사랑 가족들이여, 올해 우리 모두 소같이 삽시다. 그래서 소만이 누릴 수 있는 멋과 맛과 복을 누립시다. 소의 해가 시작되었습니다.

단풍의 세상

　　　　　　　　　　　　　천지가 온통 단풍의 세상입니다. 화려한 모자이크 같기도 하고, 잘 그린 수채화 같기도 합니다. 도로변의 나무들도 울긋불긋 혹은 노란색 단풍으로 단장했습니다. 어느새 황량한 거리가 명작을 전시하는 갤러리처럼 변했고, 바람에 흩날리는 낙엽이 보는 이의 가슴을 흔듭니다. 운전하던 중, 달리던 차에서 내려 걷고 싶은 충동을 느낍니다. 보기 참 좋습니다. 정말, 가을이군요.

　수채화 전시회 같은 길거리를 지나면서, 나의 남은 생이 이 가을의 단풍과 낙엽 같으면 좋겠다고 생각했습니다. 봄의 파란 잎처럼 희망에 찬 소년기를, 여름의 푸른 잎처럼 열정 속에 청년기를, 그리고 가을의 화려한 단풍처럼 성숙한 장년기를 보내고, 늦가을의 숙연한 낙엽처럼 겸손한 노년기를 보내고 싶습니다. 그래서 한 해의 사명을 완수한 성실한 나무처럼, 저도 한 생애의 사명을 후회 없이 완수하고 싶습니다.

　가을의 거리를 걷고 싶다는 충동을 느끼면서, 우리 주사랑교회가 세상을 향해 그런 충동을 불러일으키는 교회가 되길 소망해 봅니다. 힘겨운 삶의 무게에 눌리고, 불안한 미래의 도전에 흔들리는 현대인들에게, 순간순간 쉼터를 제공하고 과정의 행복을 누리도록 도울 수 있다면 얼마나 좋을까요! 답답한 차에서 내려 잠시나마 땅 위를 걸으며, 신선한 공기를 호흡하도록 초대할 수 있다면 또한 얼마나 좋을까요! 그래서 지친 세상이 오늘만이라도 창조의 신비를 발견하고, 존재의 축복을 누리도록 격려할 수 있다면 얼마나 좋을까요!

바람에 흩날리는 멋진 낙엽을 보며, 올해가 그렇게 멋지게 마무리되길 기원했습니다. 올해의 마지막 달력을 미련 없이 떼어낼 수 있기를, 마음속에 남은 미움과 원망의 찌꺼기를 말끔히 털어낼 수 있기를, 무모한 집착과 불합리한 오기의 끈을 단호히 놓을 수 있기를, 불신과 갈등의 상처가 가을의 바람 속에 깨끗이 아물기를, 이 가을에 이 기원이 하늘에 닿기를 기원했습니다. 정말, 아름답고 진지한 가을입니다.

이 가을에 신앙의 웰빙을 소망하며

9월의 절반이 다 지나도록 무척 더웠습니다. 낮에는 30도가 넘는 '한여름의 무더위'가 가을을 장악함으로써, 그토록 고대했던 가을의 서늘한 기운을 좀처럼 느낄 수 없었습니다. 정말 우리나라의 기후가 아열대성 기후로 변질된 것이 아닐까 하는 종말론적 불안이 순간적으로 엄습하기도 했습니다. 그렇다면, 진짜로 큰 일이지요.

그런데 오늘 다행히도 시원한 빗줄기가 천지를 쓸고 지나갔습니다. 저녁에 집에 돌아왔더니, 뿌연 먼지로 덮여 있던 저의 더러운 차가 정성껏 세차한 듯이 깨끗해져 있었습니다. 빗물이 무료로 시원하고 깨끗하게 세차해 준 것이지요. 금세 저의 기분이 좋아졌습니다. 깨끗해진 차를 보고 기뻤고, 내일부터 제가 그렇게 좋아하는 가을 아침의 신선한 공기를 마음껏 느낄 수 있을 것 같기 때문입니다. 그렇다면, 진짜로 잘된 일이지요.

이렇듯 천지의 움직임은 자연스러워야 합니다. 여름에는 대지가 모조리 타들어갈 듯이 뜨거워야 하고, 겨울에는 천지를 거대한 냉장고로 만들 만큼 싸늘하고 추워야 합니다. 봄에는 따사로운 햇살과 기분 좋은 산들바람으로 천지의 기운이 새롭게 태어나야겠지요. 그리고 가을에는 아침저녁으로 우리의 피부를 자극하는 선선한 공기, 끝없이 높고 넓은 푸른 하늘이 역시 최고입니다. 그렇게 자신의 시간에 자신의 본래 모습으로 돌아가야, 자연이 자연스러워지는 것 아니겠습니까?

주사랑교회의 성도들 또한 이 가을에 자연이 자연스러워지듯 '성도다워지길' 기대합니다. 가을 바람처럼 우리 가운데 임하시는 성령을 통해, 우리의 믿음이 자연스럽게 성숙하길 바랍니다. 가을 하늘처럼 우리를 덮으시는 성부와 더불어, 우리의 인격도 그렇게 푸르고 높아지길 소망합니다. 가을의 붉은 산처럼 우리에게 열정을 일깨우는 성자를 따라, 우리의 기상도 살아나고 도약하길 원합니다. 그래서 이 가을에 우리의 삶 가운데 하늘의 은총이 가득하고, 우리 교회에 성령의 열매가 풍성하며, 우리의 존재being가 정말 well-being 하게 되길 기원합니다.

우리가 가야 할 그 길

설을 맞았습니다. 설레는 마음으로 고향을 향해 떠납니다. 어려운 살림에도 얇은 주머니를 털어 선물을 마련하고, 먼 길을 주저하지 않고 달려갑니다. 그런데 날씨가 좋지 않습니다. 폭설이 몰아치고, 길은 빙판이 되었습니다. 마음은 벌써 고향에 가 있는데, 얼어붙은 길이 발목을 잡습니다. 결국, 많은 차가 빙판에서 구르고, 앞차를 들이받고, 길옆으로 굴러 떨어집니다. 설레는 마음으로 떠난 행복한 길이 끔찍한 비극의 길로 뒤틀립니다. 누구도 예상하지 못했고, 누구도 소망하지 않았던 일이 무서운 현실이 됩니다. 사고현장을 보도하는 뉴스를 보면서, 가슴이 답답해집니다.

성경에도 길에 대한 많은 이야기가 있습니다. 70세에 정든 고향을 떠나, 유랑의 길을 떠난 아브라함의 운명의 길. 40년 전에 도망치듯 떠나온 애굽을 향해 광야를 가로질러 가는 모세의 사명의 길. 집을 나간 방탕한 아내를 찾아, 시장 뒷골목을 헤매고 다니는 호세아의 눈물의 길. 정말 재수 없게 걸려서, 대신 십자가를 지고 골고다를 오르던 구레네 시몬의 억울한 길. 예수의 십자가 처형 후, 허둥지둥 엠마오로 도망가던 제자들 절망의 길. 예수의 무리를 체포하기 위해, 거친 호흡을 내쉬며 달려가던 바울 분노의 길. 그들의 길을 성경에서 읽으며, 생각이 복잡해집니다.

나는 어떤 길을 가고 있나 묻게 됩니다. 설레는 마음으로 시작해서 한숨으로 끝나는 황당한 길은 아닐까? 어디로 가고 있는지, 언제쯤 끝날지도 모른 채, 불안 속에 더듬거리는 불안한 길은 아닐까? 가고 싶지만,

가야만 하지만, 현실의 장벽 앞에 끝내 포기하고만, 서러운 길은 아닐까? 아니면 눈물로 시작했지만 웃음으로 끝나는 행복한 길일까? 억지로 끌려갔지만, 아름다운 추억으로 마무리된 소중한 길일까? 무척 힘들고 고통스러웠지만, 나를 보다 진실하고 사색적인 사람으로 성숙시킨 은총의 길일까? 내가 걷는 불확실한 길을 생각하며, 기도가 절로 나옵니다.

주사랑 교우들이여, 우리는 하늘을 향해 순례의 길을 떠난 도반道伴들입니다. 홀로 걷는 그 길은 외롭고 추운 길이지만, 우리가 함께 걷기에 흥겹고 보람된 길이 될 수 있습니다. 더욱이 우리에겐 '성경'이란 정확한 지도가 있고, '성령'이란 탁월한 안내자가 있습니다. 그리고 '천국'이라는 분명한 목표가 있습니다. 뒤죽박죽이 된 세상의 길 속에서 천국을 향한 그 길을 찾아, 끝까지 갑시다. 우리 함께, 성경을 손에 들고, 성령의 도움을 받으며, 천국을 향해 말입니다. 정도正道입니다.

고독 속에 생각하는 공동체의 의미

3주 동안 집과 교회를 떠나 미국에서 지냈습니다. 함께 오신 목사님들과 수업과 식사를 하며 떠들썩하게 지냈지만, 호텔 방에 홀로 있던 시간도 많았습니다. 대부분의 시간 동안, 가져온 일들을 처리하며 분주히 보냈으나, 문득 방안에 홀로 있는 자신을 발견하며, 진한 외로움을 느끼곤 했습니다. 여전히 홀로 지내는 일에 익숙하지 않음을 발견합니다. 그러면서 하나님께서 아담 한 사람만 이 땅에 창조하지 않으시고, 우리에게 가족과 공동체를 허락하신 이유를 본 능적으로 깨닫게 됩니다. 하나님의 자상한 돌봄입니다.

이번에 함께 공부한 목사님들 중, 일본에서 23년간 사역하신 선교사님이 있습니다. 일본인 아내와 결혼해서 두 자녀를 낳고 키웠습니다. 언어나 행동도 제 눈에는 일본 사람처럼 보일 정도로, 일본문화에 익숙해진 분입니다. 그런데 얼마 전 아침 경건회에서, 그는 이런 고백을 했습니다. "목사로서 할 말은 아니지만, 하나님께서 허락만 하신다면, 죽기 전에 한국으로 돌아가 한국 여인과 결혼하여, 그 여인이 끓여주는 된장찌개를 먹으며 살다 죽고 싶다"고 말입니다. 농담처럼 하신 말씀이지만, 그 말 속에 외국생활에 지친 그의 삶과 고국에 대한 진한 그리움이 강하게 느껴져서, 분위기가 무척 숙연해졌습니다.

주사랑교회를 세우신 목적을 생각해봅니다. 이미 이 땅에 수많은 교회가 존재함에도, 특별히 주사랑교회가 이 시대에 존재해야 하는 이유는 무엇일까요? 무엇을 위해? 그리고 누구를 위해? 힘겨운 세상에서 홀로 고독한 싸움을 싸우는 이들에게, 더불어 살아가는 삶의 미학과 가치를 일깨워 주는 영혼의 쉼터가 되어야 할 것입니다. 영혼의 고향에 대한 향수 속에 오늘을 한숨으로 살아가는 영혼들에게 고향의 된장 맛을 전해주는 따뜻한 공동체가 되어야 할 것입니다. 피곤한 육신과 상처받은 영혼의 교도소에 갇혀, 아직 창조의 신비와 구원의 희열을 누리지 못하는 이들에게 진정한 해방과 자유의 현장이 되어야 할 것입니다.

잠시 집을 떠나 있으면서, 두고 온 가정과 교회에 대한 그리움이 절절히 가슴을 울립니다. 오랜 세월 고국을 떠나, 이방인들 틈 속에서 외로이 살아온 한 선교사의 쓸쓸한 고백을 들으며, 사랑하는 사람들과 사랑하는 땅에서 함께 살아가는 축복의 가치를 온몸으로 깨닫습니다. 주사랑교회의 모든 가족에게 주사랑교회가 그런 가정과 교회, 그런 고향과 고국이 되길 소망합니다. 그런 교회가 되도록 함께 울고, 함께 기도하고, 함께 몸 비비며 살아갑시다. 그럽시다.

십자가의 역설

지금 저의 방 창문으로 한 교회의 붉은 십자가가 정면으로 보입니다. 밤이 짙을수록 저 붉은 십자가는 더 뚜렷하고 강렬하게 자신의 존재를 밤하늘에 분출합니다. 가끔 밤늦은 시간에 창문을 열고 작업을 할 때면, 문뜩 제 눈에 들어온 그 붉은 십자가는 순간적으로 저의 시선을 사로잡고, 몽롱하던 저의 의식마저 화들짝 일깨우며, 저의 생각과 태도를 바로 잡게 합니다. 십자가의 힘이 그렇습니다.

밤의 어둠이 짙을수록, 그 밤하늘을 배경으로 한 붉은 십자가가 더 뚜렷하고 강렬하게 자신의 존재를 분출하는 모습이, 십자가의 진정한 의미를 또 한 번 가슴에 새기게 합니다. 밝은 대낮에는 그 십자가가 저의 눈에 보이지 않았습니다. 낮에도 늘 창문을 열어 두었지만, 그 시간에 십자가의 존재가 저의 시선을 관통하며 의식을 지배한 경우는 거의 없습니다. 밝은 세상에서 십자가는 무의미하며, 그 존재마저 희미합니다. 그래서 십자가의 존재가치가 밤하늘의 어둠과 비례한다는 기막힌 진리를 깨닫습니다.

기독교에 대한 세상의 질타가 수준을 넘어서는 것 같습니다. 불교계가 공개적으로 기독교를 향해 비판의 칼을 높이 들었습니다. 종교가 진리의 등불로 기능을 해야 할 때에, 교회가 사랑의 전달자로 헌신해야 할 때에, 복음이 용서의 눈물로 표현되어야 할 때에, 그리고 십자가가 생명의 길로 자기를 입증해야 할 때에, 오히려 이 모든 것이 분열과 다툼, 수치와 부정의 상징으로 추락하는 것 같아, 여린 가슴이 "쿵"하며 내려앉습니다.

하지만, 어두운 밤하늘에 뚜렷하게 자신의 존재를 각인시키는 붉은 십자가를 바라보며, 다시 한 번 희망을 품습니다. 세상에 어둠이 짙어갈수록, 십자가의 가치와 힘은 더욱 증대될 수밖에 없기 때문입니다. 어둠의 그늘이 세상의 모든 악을 덮어도, 십자가의 붉은 빛을 감출 순 없기 때문입니다. 오히려 어둠이 짙을수록, 그래서 악의 존재가 크게 보일수록, 십자가의 빛은 밤하늘에 더욱 강렬하게 자신의 존재를 계시하기 때문입니다. 그래서 세상의 절망은 십자가의 희망입니다. 타락한 세상을 구원하시는 하나님의 경륜은 그래서 늘 신비입니다.

산상수훈을 묵상하며

요즘 새벽예배에 마태복음을 묵상하고 있습니다. 특히 이번 주에는 산상수훈을 묵상했습니다. 새벽예배가 QT 형식으로 진행되기 때문에, 참석한 사람들이 함께 말씀을 돌아가며 읽고 묵상하고, 느낀 점을 나눕니다. 짧은 시간의 묵상이지만, 모두가 말씀 앞에서 자신의 모습을 정직하게 반성하고, 말씀을 자기 삶에 적용하기 위해 애씁니다. 그 모습이 자못 진지하고 경건합니다. 새벽에 하나님 앞에 조용히 나갔던 예수를 닮는 것 같습니다.

이번 주에는 산상수훈이 중심 본문이었습니다. 산상수훈은 반복해서 '실천'을 말합니다. 예수의 가르침은 늘 '행동과 실천'으로 마무리됩니다. 말씀을 듣고 행하는 자는 반석 위에 집을 짓는 것과 같고, 말씀을 듣고도 행하지 않는 자는 모래 위에 집을 짓는 것과 같다는 가르침은 성경의 핵심입니다. 메시지는 언제나 삶을 지향했고, 삶을 통해 실천되었으며, 실천을 통해 입증되었습니다. 그리고 삶과 실천의 장으로 우리를 부릅니다.

이 말씀 앞에서, 기독교를 만사형통의 비법으로 이해하는 우리를 봅니다. 예수를 마법 손을 가진 요술쟁이로 설명하고, 교회를 성공의 전당으로 묘사하는 그들을 기억합니다. 하지만, 기독교는 시장을 선전하는 경제법칙이 아닙니다. 예수는 황금알을 낳는 거위가 아니며, 교회는 인생역전을 꿈꾸는 '로또판매점'이 아닙니다. 성경은 그런 기독교, 예수, 교회를 말하지 않습니다. 성경을 외면했기 때문에, 죄인들이 만들어낸

허상일 뿐입니다.

기독교는 "하나님과 재물을 겸하여 섬길 수 없다"고 가르치는 무서운 종교입니다. 예수는 "네 이웃을 사랑하고 네 원수를 위해 기도하라"고 선포하는 급진적 메시아입니다. 교회는 십자가를 지고 예수를 따르는 무모한 무리입니다. 이 무서운 종교 안에 진리가 있습니다. 이 급진적 메시아 안에 구원이 있습니다. 그리고 이 무모한 무리 안에 천국이 있습니다. 주사랑교회가 그런 진리, 구원, 천국의 주인이 되길 소망합니다. 아멘.

종려주일

종려 주일입니다. 고난주간이 시작되는 날이며, 부활절 일주일 전입니다. 종려 주일은 예수께서 예루살렘성에 입성하신 날을 기념하는 것입니다. 당시 예루살렘은 열기에 휩싸였습니다. 예수님을 환영하는 인파들로 거리는 인산인해를 이루었고, 예수님을 맞이하는 군중의 함성으로 성 전체가 떠나갈 것 같았습니다. 그것으로 부족해서, 사람들은 자신들의 겉옷을 벗고 종려나무 가지들을 꺾어, 영웅이 걷는 길 위에 펼쳐 놓았습니다. 그 무리 속에서 예수님은 어린 나귀를 타고 입성하셨습니다. 잔치였습니다. 감동이었습니다.

하지만, 성에 들어온 예수님은 환호성을 뒤로 한 채, 예루살렘 성전을 향해 달려갔습니다. 그 안에서 장사하던 사람들의 상을 뒤엎고, 그들을 성전에서 거칠게 몰아냈습니다. 소위 말하는 '성전 청결사건'이 벌어진 것입니다. "만민이 기도하는 집을 강도의 소굴로 만들었다"고 분개하셨고, "이 성전을 허물고, 3일 만에 다시 짓겠다"고 선언하셨습니다. 그 결과, 군중의 폭발적 환호성은 싸늘한 침묵으로 돌변했고, 영웅을 향한 열정적 사랑은 광포한 증오로 뒤바뀌었습니다. 극적인 반전입니다. 무서운 역전입니다.

이 대목에서 예수님을 맞이하는 군중의 생각과 예루살렘에 들어가시는 예수님의 생각이 달랐다는 사실에 주목하게 됩니다. 군중은 자신들의 질병, 가난, 고독을 치유하는 예수님의 행적에 열광했습니다. 자신들의 현실적 필요를 즉각적으로 해결해주는 그의 '기적의 손'에 흥분했습니다. 그러나 그들이 예수님에게 기대했던 것은 바로 거기까지였습니다. 예수님이 문제의 근원, 뒤틀린 현실의 본질, 타락한 세상의 구조적 결함을 직접 공격하는 순간, 그들은 예수가 '선을 넘었다'고 생각했습니다. 위험하다고, 불온하다고, 과격하다고 말입니다. 한계입니다. 슬픔입니다.

그러나 성전을 개혁하지 않는다면, 예수께서 예루살렘에 오실 이유가 없습니다. 기도하는 집이 강도의 소굴로 추락하고, 하나님의 성전이 맘몬돈의 신의 전당으로 타락하는 비극을 넘겨버린다면 그는 결코 '진정한 메시아'일 수 없습니다. 어쩌면 예수께서 고난을 당하시고 십자가에 달리신 목적이 타락한 성전을 재건하고, 변질한 종교를 개혁함으로써, 허물어진 하나님의 나라를 다시 세우는 일이었는지 모르겠습니다. 그렇다면, 이번 고난주간은 '성령의 전'인 우리 각자의 몸을 청소하고,

우리 삶 속에 하나님의 나라가 임하는 축복의 기회가 되어야 할 것입니다. 소망입니다. 비전입니다.

부활이 없는 부활절?

　　　　　　　　　　부활절은 교회에서 일 년 중 가장 거룩하고 중요한 절기입니다. 기독교의 정체성은 예수님을 하나님의 아들로 고백하는 것에 근거하며, 그 고백의 성서적·역사적 근거가 바로 예수님의 육체적 부활이기 때문입니다. 다시 말하면, 예수의 부활이 없었다면, 혹은 그의 부활을 우리가 믿지 못한다면 기독교는 존재할 수 없기 때문입니다. 그래서 초대교회부터 부활에 대한 격렬한 논쟁이 교회 안팎에서 있었고, 여전히 부활은 기독교 신앙의 중추를 이루고 있습니다. 그래서 교회는 매년 부활절을 경건과 경외 속에 기념하는 것이지요.

　부활절을 맞이하는 과정은 쉽지 않습니다. 일단 사순절이라 불리는 40일의 거룩한 시간을 지극한 경건 속에 보내야 합니다. 교회마다 특별 새벽기도회를 드립니다. 다양한 형태의 금식을 실천합니다. 특별히 부활절 전 1주일은 고난주간으로서, 성도들은 온 힘을 다해 거룩한 삶에 집중합니다. 그야말로 부활절을 이 땅에 존재하는 가장 성스럽고 경이적인 시간으로 체험하기 위해, 인간이 할 수 있는 최고의 정성을 들이는 것입니다. 부활의 기적을 체험하기 위해, 골고다의 죽음을 통과했던 예수님을 기억하고 모방하면서 말입니다.

우리도 그런 관례를 따라 지난 40일을 보냈습니다. 특히 지난 한 주간은 정성을 다해 새벽예배를 드리며 고난주간을 지냈습니다. 우리를 향한 주님의 뜻을 반복해서 확인하며, 우리가 가야 할 길을 가슴 속에 새겼습니다. 금요일 밤에는 우리 교우들 한 사람 한 사람을 위해 '우주를 쥐어짜며' 눈물의 기도를 드렸습니다. 토요일에는 부활의 기쁨을 함께 나누고자 달걀을 삶고 예쁘게 포장하는 시간을 가졌습니다. 이처럼 우리는 소박하지만, 전력을 기울여 부활절을 준비했습니다. 관객이 아닌, 조연배우로 함께 하려고 말입니다.

부활 없는 기독교는 더는 하나님의 교회가 아닙니다. 부활이 부정되는 신앙은 하나님과 무관한 종교입니다. 부활의 감동을 상실한 신앙인은 가장 서글픈 존재입니다. 아무런 기대감 없이 맞이하는 부활절은 가장 쓸쓸한 날입니다. 그러므로 주사랑 교우들에게 이번 부활절은 상상의 신화가 아닌 구체적 역사로, 아득한 과거가 아닌 가슴 뛰는 현재로, 타인의 모호한 기록이 아닌 자신의 결정적 체험으로, 달력에만 존재하는 무감동의 시간이 아닌 존재의 중심으로 침투하는 기적의 사건으로 고백 되길 소망합니다. 정말, 정말, 정말.

사람이 소중합니다

어느 날 문득 교회 홈페이지의

사진을 보았습니다. 한때 교회의 소중한 가족이었던 얼굴들이 그곳에 행복한 표정으로 있었습니다. 그러나 이제 그들은 이곳에 없습니다. 이런 저런 이유로 교회를 떠났습니다. 그리고 지금은 다른 얼굴들로 그 자리가 채워졌습니다. 일 년 사이에 많은 사람이 오고 갔더군요. 자신의 어려운 처지를 조심스럽게 설명하고 교회를 떠난 분도 계시지만, 많은 사람이 정말 '소리 소문 없이' 사라졌습니다. 그럴 때는 정말 황당하고 서운했습니다. "어떻게 그럴 수 있을까? 사람의 인연이라는 것이 그렇게 덧없는 것이었던가!" 참으로 야속했습니다. 마음에 상처가 남았습니다. 야속한 사람들!

그런 느낌 때문이었을까요? 오랫동안 연락하지 못했던 저의 모 교회 담임 목사님께 전화를 드렸습니다. 한동안 서운한 감정이 있었습니다. 그래서 귀국하고 의도적으로 연락하지 않았습니다. 그러다 시간이 지났습니다. 감정이 많이 누그러져, 꼭 찾아 뵈어야겠다고 마음을 먹었습니다. 그런데 그때는 너무 바빴습니다. 마음은 있었지만, 번번이 기회를 놓치고 말았습니다. 얼마 전 목사님의 어머니께서 세상을 떠나셨다는 소식을 들었습니다. 너무 멀어 찾지 못하고, 약간의 조의금만 보내드렸습니다. 그래도 마음이 편치 못해, 마침내 오늘 아침 전화를 드렸습니다. 5년만입니다. 반가움과 서운함이 뒤섞인 목사님의 음성을 들으며, 마음이 아팠습니다. 부끄럽고 죄송했습니다. 저는 '버릇없는 놈' 입니다.

베드로의 이야기가 생각납니다. 예수님을 "그리스도시요 살아계신 하나님의 아들"이라고 공개적으로 고백하며, 주님을 향한 자신의 사랑을 과시했던 베드로. 그러나 예수님이 체포되고 그의 무리가 불법집단으로 공개수배 되자, 어린 소녀 앞에서 예수님을 3번이나 저주하며 부인했던 베드로. 하지만, 예수님은 부활 후에 베드로를 친히 찾아갔습니다. 자신을 3번이나 부인했던 베드로에게 3번에 걸쳐 사랑을 확인하고 나서, 자신의 양떼를 맡겼습니다. 저는 이 장면에서 주님의 '의리'를 보았습니다. 제자는 스승을 쉽게 버렸지만, 스승은 용서와 사랑, 그리고 의리로 무너진 관계를 '부활' 시켰습니다. 부활의 주님은 정녕 '의리의 사나이' 였습니다.

살면서 관계의 소중함을 점점 더 깊이 깨닫게 됩니다. 그것은 살얼음판 같은 인간관계를 체험하며 느끼는 존재의 위기감 때문입니다. 요동치는 허망한 감정, 물질에 대한 수치스런 탐욕, 지독히 이기적인 삶의 방식 앞에서, 의리와 예의가 너무 쉽게 '헛소리'로 외면되는 현실을 목격하기 때문입니다. 그러나 바로 이 순간, 우리를 찾아오시는 예수님을 봅니다. 집 나간 아들을 여전히 기다리는 아버지를 만납니다. 인간들 사이에, 그리고 하늘과 땅 사이에 막힌 담을 허무시는 성령의 불을 체험합니다. 주사랑 가족들이여, 이 외롭고 허망한 세상에서 아름다운 사랑의 관계를 만들어 봅시다. 누구도 허물 수 없고, 어떤 것도 흔들 수 없는 '진정한 사랑의 띠' 말입니다. 우리 안에 하나님과 함께!

저의 죄와 수치로 말미암아…

요즘 저의 머릿속을 빙빙 도는 두 단어가 있습니다. 하나는 '지혜'이고, 다른 하나는 '예언'입니다. 지혜는 목회를 시작한 이후, 저에게 화두처럼 따라다닌 단어였습니다. 사실, 제가 목회자가 되길 소망했을 때, 제가 가장 중요하게 생각했던 것은 '설교'였습니다. 저는 훌륭한 설교자가 되고 싶었습니다. 그렇게 되려고 열심히 공부했습니다. 설교에 재능이 있다는 소리도 들었습니다. 그런데 시간이 지날수록, 설교는 단순한 '말재주'가 아님을 절감하기 시작했습니다. 더욱이 목회는 설교만으로 되지 않음을 깊이 깨달았습니다. 제가 섬겨야 할 여러 사람, 제가 결정하고 처리해야 할 많은 일, 심지어 제가 가르치고 설교해야 할 많은 내용 모두 '지식' 뿐만 아니라 '지혜'가 필요함을 뼈저리게 느끼게 된 것입니다. 끝없이 밀려오는 사람들, 선택들 그리고 설교들 앞에서, 저의 아둔함으로 인해 심각한 혼란과 고통이 발생합니다. 다양한 문제로 힘들어하는 이들에게 적절한 조언을 주고, 힘겨운 장애물 앞에서 현명한 결정을 내리도록 돕고, 처한 상황에 적합하며 실천 가능한 대안들을 제시해 주어야 하는데, 정작 저의 입에선 진부하고 피상적 언어만 되풀이되는 것 같아, 참 속상하고 부끄럽습니다. 목회자의 어리석음은 정녕 죕니다.

제가 씨름하는 또 하나의 화두는 '예언'입니다. 예언은 이 시대를 향한 하나님의 뜻을 선포하는 것입니다. 신학교 강단에서 학생들을 지도하고, 교회 강단에서 말씀을 선포하는 일을 업으로 삼는 저에게, 요즘처럼 예언의 의미가 심각하게 느껴진 적이 없습니다. 위기에 처한 한국교회를 짊어질 신학도들에게 과연 선생으로서 무엇을 가르쳐야 할까요? 작은 개척교회를 섬기는 교우들에게 과연 목자로서 무엇을 설교해야 할까요? 저의 강연 앞에 진지한 눈으로 반응하는 청년들에게 어떤 예언을 선포해야 할까요? 이 어려운 시절을 살아가는 동시대인들을 향해 한 명의 그리스도인으로서 저는 어떻게 하나님나라를 전해야 할까요? 진정한 예언은 희생의 피를 각오하지 않고는 결코 선포될 수 없다는 엄연한 사실 앞에서, 제가 얼마나 용기를 낼 수 있을까요? 이 시대를 위해 그런 예언자를 찾고 계신 하나님 앞에 과연 저는 '나를 보내소서'라고 반응할 수 있을까요? 시대의 요청과 주님의 뜻을 분명히 인지하면서도, 도무지 일어서지 못하는 저의 비겁 앞에 치가 떨립니다. 목회자의 비겁은 정녕 수치입니다.

더욱 지혜로운 목회자가 되고자, 더욱 용감한 예언자가 되고자, 부족한 종이 오늘도 주님의 십자가 앞에 엎드립니다. 부디 십자가 앞에서 주님의 성숙한 지혜와 거룩한 용기를 배우고 실천하게 되길 소망합니다. 정녕, 주님의 은혜가 눈물겨운 밤입니다. 저의 죄와 수치로 말미암아…

절망을 희망으로

제가 어느 학회의 학술지 편집을 책임지고 있습니다. 그런데 이 학술지가 최근 매우 심각한 위기에 봉착했습니다. 이 학술지의 현실적 가치가 떨어지면서 회원들의 투고가 현격히 줄었기 때문입니다. 아직 이 학술지가 국가의 공식적 인정을 받지 못했기 때문에, 회원들은 이 학술지 대신 이미 공인된 다른 학술지에 글을 게재하고 싶어 합니다. 현실적으로 지극히 당연한 현상입니다. 상황이 그러하다 보니, 자꾸만 우리 학술지는 책을 발간할 때마다 원고 부족으로 애를 먹고 있습니다. 이번에도 원고의 수가 많이 부족했습니다. 누구 하나 도와주거나 신경 쓰는 이가 없었습니다.

저는 점점 자신감을 상실했습니다. 처음 이 책임을 졌을 때, 이 학술지를 화려하게 부활시키고, 반드시 국가공인도 받겠다고 야무지게 다짐했는데, 상황은 갈 수도록 암울해진 것입니다. 이런 상태에서 학회임원회에 참석했습니다. 처음에는 임원들 모두가 기가 죽어, 비관적인 한숨만 내쉬었습니다. 하지만, 시간이 지나면서 분위기가 반전되기 시작했습니다. 부정적이고 불리한 현실은 충분히 인정하지만, 그렇다고 상황이 완전히 비관적·절망적인 것은 아니라고 서로 격려했습니다. 다양하고 구체적인 해법들이 제시되었습니다. 다시 한번 도전하자며, "파이팅"을 외쳤습니다. 불안과 걱정의 암울한 분위기는 사라지고, 의욕과 희망의 기운이 방안을 가득 채웠습니다.

물론 아직도 구체적으로 이루어진 일은 없습니다. 이번에 학술지를 안전하게 발행하고, 2년 내에 국가 공인을 받으려고 준비하는 일은 절대 쉽지 않습니다. 또 얼마나 마음 졸이고, 분주하게 뛰어다니고, 사람들과 힘겨운 씨름을 해야 할지 모릅니다. 현실은 옛 모습 그대로 앞에 놓여 있습니다. 그런데 이 일을 감당해야 할 우리가 변했습니다. 걱정과 부정적 생각에 사로잡혔던 우리는 이제 희망과 긍정적 사고로 재충전이 되었습니다. 할 수 있다는 자신감, 반드시 성취할 수 있다는 의욕이 만만치 않은 현실의 장벽 앞에서도 기죽지 않고, 사기가 올랐습니다. 이제는 싸울 수 있을 것 같습니다. 할 수 있을 것 같습니다. 기운이 솟구칩니다.

주님은 이 어둠의 세상에 빛으로 왔습니다. 어둠은 절망이지만 빛은 희망입니다. 절망은 죽음의 기운이지만, 희망은 생명의 동력입니다. 죽음의 어둠 속에 생명의 빛이 침투할 때, 절망은 희망으로 역전됩니다. 생명이 꿈틀거리고, 희망의 기운이 충천합니다. 주님은 우리를 향해, "너희는 세상의 빛이다"라고 선언하십니다. 우리가 생명의 동력이며, 희망의 통로가 되어야 한다는 뜻입니다. 이 땅에 주님으로 말미암아 희망이 생겼고 생명이 승리했듯이, 이제 교회를 통해 그 희망이 확장되고, 생명이 약동해야 한다는 것입니다. 프란체스코의 기도처럼, 이제 '절망이 있는 곳에 희망'이 가득해야 할 때입니다.

믿음은 위기 속에 증명됩니다

신종플루인플루엔자A 때문에 세계가 초비상입니다. 우리나라에서만 벌써 5,000명이 감염되었고, 4명이 목숨을 잃었습니다. 어제 백화점 앞을 지나는데 건물 입구마다 마스크를 쓴 사람들이 출입하는 사람들의 체온을 측정하고 있었습니다. 어떤 이들은 1347년부터 1350년까지 유럽인구 1/3의 목숨을 앗아갔던 흑사병, 혹은 1918년 4,000만 명의 목숨이 희생된 스페인 독감의 기억을 떠올리며, 이번 유행병에 대해 경계를 촉구합니다. 반면, 어떤 이들은 외국의 심각한 상황이나 과거의 비극적 경우보다, 우리의 처지는 훨씬 나은 편이라며 불안의 농도를 낮추려 합니다.

신종플루의 심각성이 어느 정도인지 저는 잘 모릅니다. 앞으로 이 질병의 행방이 어떻게 될지도 예측할 길이 없습니다. 다만, 정부, 병원 그리고 국민이 질병의 치명적 공격을 막고 피해를 최소화하도록 모든 노력을 다해야겠지요. 동시에 우리 그리스도인들은 주님의 뜻이 무엇이며 우리가 어떻게 행동해야 할지를 진지하게 고민해야 합니다. 주님은 이런 상황에서 어떻게 행동하셨고, 이런 상황에서 주님의 제자들은 어떻게 생각하고 행동할지를, 우리는 정말 신중하게 생각하고, 현명하게 행동해야 합니다. 그래서 위기에 처한 타인들에게 고귀한 모범이 되어야 합니다.

초대교회 시절, 로마제국에 치명적 유행병이 창궐했습니다. 그야말로 '신종' 유행병이었기 때문에, 저항력이 없던 당시 사람들은 속수무책이었습니다. 아직 의학이 제대로 발달하지 않은 터라, 의사들도 어찌할 바를 몰랐습니다. 의사들은 "환자들을 격리시키고, 나머지 사람들은 감염지역을 탈출하라"고 지시했습니다. 그 결과, 가족들도 병든 가족을 버려두고 떠났습니다. 죽음의 위협 앞에서 가족도 사랑도 자취를 감추었습니다. 이런 상황에서, 교회 감독은 성도들에게 유행병이 창궐한 지역을 떠나지 말고, 병든 환자들을 돌보라는 명령을 내렸습니다. 감당하기 어려운 명령이었습니다.

이 명령 때문에 수많은 성도가 생명을 잃었습니다. 하지만, 대부분의 성도는 마지막까지 병자들을 극진히 간호했습니다. 다행히도 얼마 후 병마는 물러갔고, 많은 사람이 성도들의 헌신적 돌봄 속에 목숨을 구했습니다. 많은 이교도가 성도들의 초인적 사랑에 감복하여 신앙을 갖게 되었고, 교회는 극적인 부흥을 경험했습니다. 이처럼, 무서운 질병 앞에 불신자들처럼 우왕좌왕하지 않고, 믿음 속에 용감히 사랑을 실천하는 것이 신자의 참된 모습입니다. 십자가의 능력, 복음의 정수, 믿음의 힘 그리고 그리스도의 사랑은 위기 속에 진가를 발휘합니다. 지금이 그때입니다.

당신은 진정한 복음 공동체입니다

저는 요즘 신문을 읽거나 뉴스를 보는 것이 두렵습니다. 때론 고통스럽습니다. 물론, 신문에는 가슴을 뛰게 하는 감동적 스토리와 사회적 귀감이 되는 '미담'도 실립니다. 뉴스를 통해 유익한 정보를 얻고, 흥미로운 소식도 전해 듣습니다. 하지만, 가슴이 철렁 내려앉고 손발이 오그라든다는 소식들도 넘쳐납니다. 정신을 아득하게 하고 피가 얼어붙는 것 같은 충격적 보도들이 가득합니다. 분노로 치가 떨리고 이가 갈리는 기사들이 날날이 늘어갑니다. 그래서 뉴스를 볼수록, 삶과 세상이 무섭고, 인간을 혐오하게 됩니다. 그래서 뉴스와 신문을 멀리하게 됩니다.

이번 주에도 신종플루로 인한 두려움이 신문을 가득 채웠습니다. 임진강에서 참변을 당한 사람들의 기막힌 사연이 연일 보도되었습니다. 정부가 강행하는 4대강 정비사업에 대한 국민의 반대와 의혹이 점증하고, 미디어 법에 대한 헌법재판소의 판결을 앞두고 긴장이 고조되고 있습니다. 새로 임명된 국무총리 후보자는 논문중복게재 의혹에 휩싸였고, 인기 절정의 아이돌 그룹 맴버는 '대한민국 비하발언'으로 하루아침에 모든 것을 잃었습니다. 대책 없는 유행병 때문에 전율하고, 황당한 정부 시책에 말문이 막히고, 자격 없는 사람들의 경거망동에 속이 쓰립니다.

이런 추문과 소음으로 가득한 세상에서 우리에게 주님이 있음은 큰 축복입니다. 주님은 우리에게 '복음' 즉, '기쁜 소식'을 전해주셨습니다. 복음은 세상을 향한 성부의 사랑이야기를 전해 줍니다. 십자가로 중명된 하늘의 거룩한 사랑 말입니다. 복음은 세상을 향한 성자의 희망이야기를 들려 줍니다. 부활로 확증된 천국의 기적 같은 희망 말입니다. 복음은 세상을 향한 성령의 믿음이야기를 알려 줍니다. 오순절에 형성된 믿음의 공동체 말입니다. 성 삼위의 복음, 즉 믿음, 소망, 사랑의 복음은 교회에 전해졌고, 교회에서 부분적으로 실현되었으며, 교회를 통해 세상으로 계속 확장되었습니다.

그렇다면, 이제 우리 교회의 시대적 사명이 무엇인지 보다 분명해 집니다. 불신, 절망, 증오의 아우성 속에서, 우리는 믿음, 소망, 사랑의 복음을 들어야 합니다. 믿음의 위력을 체험하고, 소망의 아름다움을 발견하고, 사랑의 충격을 누려야 합니다. 그리고 믿음의 위력이 교회의 담장을 넘고, 소망의 아름다움이 세상의 한복판으로 흘러들어 가며, 사랑의 충격이 천지를 진동하게 하여야 합니다. 그 사명을 위해 주님은 교회를 세웠고, 복음을 전해 주셨으며, 오늘 우리를 부르셨습니다. 주사랑교회여, 당신은 진정한 복음 공동체입니다.

뱀처럼 비둘기처럼 선교합시다

이번 주 〈시사저널〉 특집이 "쫓겨나는 선교사들"이었습니다. 한국교회의 중동지역 선교가 심각한 위기에 처했다는 기사가 실렸습니다. 기사에 의하면, 지난 6월부터 8월까지 20명의 선교사가 추방되었고, 올 연말까지 100명 정도가 추방될 것으로 예상한다고 합니다. 또한, 선교사들에 대한 테러 위협도 증가하고, 국가 간의 외교 마찰로까지 문제가 확대되고 있습니다. 그래서 정부에서는 선교단체에 활동을 자제해 달라고 요구했고, 이에 대해 교계는 종교탄압이라며 거세게 반발하고 있습니다.

기사를 읽다 보니, 상황이 매우 복잡하고 미묘하다는 것을 깨달았습니다. 일단, 교회가 선교활동을 하는 것은 신앙의 자유와 관련된 문제이므로 정부도 함부로 억제할 수 없는 사항입니다. 더욱이 교회에서 선교는 가장 중요한 사명 중 하나이며, 이 사명을 위해 목숨을 마치는 것은 '순교'라는 기독교의 가장 고귀하고 영광스러운 면류관입니다. 그래서 교회는 어떤 위협과 난관 속에서도 이 사명을 포기할 수 없습니다. 오히려 외부의 탄압과 위협이 심화할수록, 교회의 선교 열정은 더 뜨겁게 타오릅니다. 교회사는 그런 기록들로 가득합니다.

하지만, 그런 거룩한 사명과 열정에 무조건 손뼉만 칠 수 없는 것이 우리의 딜레마입니다. 왜냐하면, 이슬람 문화권에서 선교사들의 열정적 선교활동이 이슬람 근본주의자들의 민족적·종교적 감정을 자극하여, 결국 선교사들을 포함한 한국인 전체를 향해 무차별 공격이 벌어지고 있습니다. 선교사들의 선교활동 때문에, 아무 상관도 없는 일반인들이 테러의 희생양이 된 것입니다. 이런 문제 때문에 국가 간의 외교분쟁이 발생하고, 국가신용도가 추락하며, 국내에선 기독교 일반에 대한 국민의 반감이 고조되는 부작용도 심화하고 있습니다.

주님께서 당신의 제자들을 파송하시면서, "뱀 같이 지혜롭고, 비둘기처럼 순결 하라!"고 말씀하셨던 것이 떠오릅니다. "땅끝까지 복음을 전하라"는 주님의 대사명과 "내 이웃을 내 몸과 같이 사랑하라"는 선지자의 대강령 사이에서 우리는 어려운 줄타기를 해야 합니다. 어느 한 쪽도 포기할 수 없습니다. 복음도 전해야 하고, 이웃에 대한 사랑도 실천해야 합니다. 우리의 선교활동 때문에 타인이 고통을 당해선 안 되며, 동시에 타인에 대한 배려가 선교를 가로막아서도 안 됩니다. 부디, 갈수록 선교가 힘들어지는 현실에서 주님께서 선교사들에게 지혜와 용기, 그리고 안전을 허락하시길 간절히 기원합니다.

감사합니다

하나님, 감사합니다. 이렇게 다시 추수감사절을 맞이한 것, 오직 주님의 은혜입니다. 때로는 너무 바쁘고 피곤하여, 모든 것이 귀찮았습니다. 교인들이 소리 없이 떠날 때마다, 모든 것이 허망했습니다. 쏟아 부은 수고에 비해 결과가 초라할 때, 모든 것을 그만두고 싶었습니다. 짙은 피곤, 깊은 절망 그리고 아픈 좌절 속에 허우적거릴 때마다, 당신께서 저를 찾아오셨습니다. 속상하고, 낙망하고, 분노할 때마다, 저를 위로하셨습니다. 자신에 실망하고, 사람들에 상처받고, 세상에 치를 떨 때마다, 저를 살리셨습니다. 그렇게 한 해를 살았습니다. 당신의 은혜입니다.

    가족들, 감사합니다. 당신들의 사랑 때문에 올해도 행복했습니다. 아들을 향한 어머니의 절대 믿음이 제가 정도正道에서 일탈하지 않도록 막았습니다. 남편을 향한 아내의 진실한 사랑 때문에, 저는 거짓의 유혹을 넘어설 수 있었습니다. 아빠의 기대대로 자라주는 착한 딸 수연이 때문에, 저는 다시 주먹을 불끈 쥘 수 있었습니다. 아빠를 향해 늘 방실방실 웃어주는 명랑한 딸 소연이 덕택에, 저도 계속 웃을 수 있었습니다. 항상 아빠 손을 꼭 잡아주는 사랑스러운 딸 서연이가 없었다면, 저는 많이 외로웠을 것입니다. 가족들 때문에, 참 행복했습니다.

    성도들이여, 감사합니다. 여러분과 함께 이날을 다시 맞이한 것 자체가 기적입니다. 자발적으로 지하개척교회의 가족이 된 것, 첫 번째 기적입니다. 그렇게 몸과 마음이 지친 상황에도 예배에 계속 참석한 것, 두 번째 기적입니다. 도망갈 이유와 기회가 무궁했음에도 불구하고 아직 이곳에 남아 있는 것, 세 번째 기적입니다. 돈, 신앙, 사람 때문에 그렇게 가슴앓이를 했음에도 또다시 감사를 고백하는 것, 네 번째 기적입니다. 그렇게 당하고 아팠으면서도 또 한 번 주사랑교회와 2010년을 꿈꾸는 것, 다섯 번째 기적입니다. 그대들로 말미암아 삶이 기적입니다.

청소합시다

　　　　　　　　　　오랜만에 아이들과 함께 집 안 청소를 했습니다. 청소할 때마다 느끼는 것이지만, 사람 사는 집이 참 지저분합니다. 늘 청소를 하는데도 어느새 집안 곳곳에 먼지와 쓰레기가 가득합니다. 눈 깜짝할 사이에 집안은 어느새 청소 이전의 상태로 복귀해 있습니다. 제대로 청소 한번 하려면 여간 수고스럽지 않은데, 더럽고 지저분하게 만드는 것은 식은 죽 먹기입니다. 어지럽히기는 쉽고, 청소하는 것은 힘듭니다. 아마도 더럽히는 것은 '인간의 본능'이고, 청소하는 것은 '문화인의 고통'인 것 같습니다. 그래서 청소는 노동이며, 사람들은 본능적으로 청소를 좋아하지 않습니다.

　　그런데 오늘, 아이들과 함께 집 안 청소를 했습니다. 아이들과 함께하니, 즐거웠습니다. 저 혼자 했으면 힘들고 짜증스러웠을 것입니다. 그런데 아이들과 함께 '놀이'하듯 청소하니, 정말 '노동'이 아닌 '놀이'가 되었습니다. 아이들도 놀이하듯 신이 나서 자신들의 방을 치웠습니다. 웃으며 서로 돕고, 또 더 잘하려고 지혜를 모았습니다. 둘째 아이가 말했습니다. "아빠, 학교에 남아서 청소하는 것보다 훨씬 재미있어요." 그래서 새삼 깨달았습니다. 힘든 노동도 함께 기쁨으로 감당하면 즐거운 놀이가 된다는 것을.

　　또한, 청소하니 집안이 깨끗해졌습니다. 장을 보고 집에 돌아오니 무척 피곤했습니다. 그래서 잠시 낮잠을 자고 일어났지요. 이제 할 일을 슬슬 시작하려 했는데, 집안이 너무 지저분했습니다. 도무지 그런 상태에서 일할 수 없을 것 같아, 아이들과 함께 청소를 시작한 것입니다. 1시간 동안 열심히 청소하고 나니, 집안이 새집처럼 되었습니다. 일단 공간이 넓어지고, 환하게 밝아졌습니다. 그러자 저의 마음도 넓고 깨끗해졌습니다. 일할 의욕도 생기고 능률도 올랐습니다. 그래서 또 깨달았습니다. 깨끗한 환경과 정결한 마음 사이에는 긴밀한 관계가 있다는 것을.

이런 관점에서 생각해 보면, 우리의 신앙생활도 청소와 닮은 점이 많은 것 같습니다. 기본적으로, 타락한 세상에서 하나님의 말씀을 실천하는 것은 본능에 역행하는 일입니다. 그래서 힘들고 고통스럽습니다. 하지만, 성령님의 인도 속에 사랑하는 성도들과 함께 하는 신앙생활은 '고통스러운 노동'이 아닌, '행복한 놀이'가 될 수 있습니다. 또한, 그렇게 주님의 보혈로 우리의 죄를 씻어내고, 성도들과 함께 죄의 잔재들을 청소함으로써, 우리는 삶의 모든 영역을 '하나님의 나라'로 변모시킬 수 있습니다. 그때, 우리는 '성결한 그리스도인', '하나님의 충성된 일꾼'이 될 것입니다. 2009년이 가기 전, 함께 청소합시다. 신나게 놀이하듯 말입니다.

현실과 본질 사이

서울의 한 대형 교회의 건축문제가 교계의 뜨거운 감자로 떠올랐습니다. 그동안 이 교회는 성경공부를 중심으로 한 평신도 운동을 전개하여, 한국교회에 큰 영향을 끼쳐왔습니다. 그 결과, 한국의 대표적 교회로 성장했고요. 그런데 얼마 전 이 교회가 건축계획을 발표했습니다. 그런데 공사비용이 2천억 원을 넘는다는 사실이 알려지면서, 교회 안팎에서 실망과 비판의 목소리가 터져 나온 것입니다. 교회의 기존 이미지와 이번 계획이 도무지 어울리지 않기 때문에 말입니다.

교회의 입장은 간단합니다. 매 주일 5만여 명의 성도들이 예배에 참석하는데, 현재의 예배당 규모로는 더는 정상적 예배가 불가능하다는 것입니다. 또한, 그 교회가 건축예정지로 사들인 땅이 통일교에서 눈독을 들이던 곳이기 때문에, 이단에 넘겨주기보다는 정통교회가 차지하는 것이 더 낫다는 것입니다. 그뿐만 아니라, 성도들은 자선사업을 위해선 헌금을 잘 안 하지만, 건축을 위해선 기꺼이 헌금하기 때문에, 이번 건축을 추진하게 되었다는 이야기도 들립니다. 상황은 이해가 되지만, 그래도 쉽게 축하해줄 수가 없네요.

저는 교회의 대형화 자체를 부정하고 싶지는 않습니다. 또 교회건축 자체를 비난할 의도도 없습니다. 그래서 대형교회를 무조건 비난하는 목소리에 저는 쉽게 동의하지 않습니다. 또 교회건축 자체를 불온한 눈으로 바라보는 시각에도 문제가 있다고 생각합니다. 모범적인 목회를 통해 교회가 건강하게 성장하는 것은 장려할 일이지요. 또 예배 참석자들의 수가 증가해서 예배당을 확장하는 것은 현실적으로 불가피한 일이기도 합니다. 하지만, 현재 한국교회에 지대한 영향을 끼치는 교회들의 행보에는 아쉬움이 큽니다.

현재 우리가 건축해야 할 예배당은 '거대한 헤롯 성전'이 아닌,

'만민의 기도하는 집'이기 때문입니다. 현재 우리가 하나님께 드려야 할 예물은 '수천억 원의 돈'이 아닌, '산 제물로서 우리의 몸'이기 때문입니다. 현재 우리가 섬겨야 할 주님은 '세상을 장악한 돈의 신 맘몬'이 아닌, '말구유에 누인 아기 예수'이기 때문입니다. 현재 우리가 추구해야 할 삶은 현실에 대한 영악한 변명 대신, 본질에 대한 단호한 결단이기 때문입니다. 그래서 떠들썩한 대형교회 건축계획에 마음이 불편합니다.

책과 함께 신앙은 성장합니다

우리 교회에선 한 달에 한 권씩 책을 선정해 읽고 있습니다. 모든 교인이 참여하는 것은 아니지만, 점점 이 운동에 동참하는 분의 수가 늘고 있습니다. 물론, 요즘처럼 바쁜 세상에, 한 달에 책 한 권 읽기도 쉬운 일이 아닙니다. 또 독서에 익숙하지 않은 분의 경우, 다양한 장르의 책을 매달 읽는 일이 절대 쉽지 않습니다. 그럼에도, 우리는 계속 읽고 있습니다. 때론 다 읽지 못해도, 내용을 다 이해하지 못해도, 계속 읽습니다. 때론 힘들고 부담스럽지만, 이렇게 하는 것이 하지 않는 것보다 훨씬 낫다고 믿기 때문입니다. 이런 과정을 통해 우리가 성장할 것이라고 기대하기 때문입니다.

독서의 당위성을 설명하기 위해, 성경까지 인용할 필요는 없습니다. 독서는 인간이 마땅히 해야 할 일이기 때문입니다. 사실, 누구나 이 사실을 알고 있습니다. 하지만, 그렇게 살지 못하는 것이 우리의 서글픈 현실입니다. 사람들은 우리나라의 교육열을 높이 평가하지만, 사실 우리나라는 세계적으로 책을 읽지 않는 나라로 유명합니다. 그래서 우리나라 출판시장은 매우 열악합니다. 책을 사서 읽는 문화가 잘 정착되지 않았기 때문입니다. 학구열은 높으나 책은 읽지 않는다는 것이 역설적인 우리의 현실입니다. 이 말은 우리가 입시를 위해 공부할 뿐, 문화와 교양을 위해선 책을 읽지 않는다는 말입니다. 다시 말해, 시험은 잘 보나, 무식하다는 뜻이지요.

이런 현실은 교회 안에서도 쉽게 발견할 수 있습니다. 우리나라 교회는 전통적으로 성경읽기를 강조합니다. 하지만, 신자들은 성경을 잘 읽지 않습니다. 그래서 교회마다 신자들이 성경을 읽도록 많은 노력을 기울입니다. 성경통독 세미나까지 진행될 정도로 말입니다. 하지만, 성경을 열심히 읽을 때에도, 성경읽기가 성경 묵상과 연구로까지 발전하는 경우는 매우 드뭅니다. 더욱이, 성경 외에 다른 서적들을 읽는 신자들의 수는 훨씬 더 적습니다. 과연 한국 기독교인들 가운데 한 달에 한 권 이상의 책을 읽는 사람들이 몇 명이나 될까요? 한국 기독교 출판계가 늘 적자와 파산의 위기에 몰려 있다는 것이 이런 현실의 안타까운 증거입니다.

하지만, 공부하지 않는 신자는 죄를 범하는 것입니다. 물론, 예배, 기도, 성경읽기는 신앙의 기본이지요. 우리는 늘 기본에 충실해야 합니다. 하지만, 신앙수준이 평생 기본단계에 머물 순 없습니다. 신앙은 기본에 충실함과 동시에 끊임없이 성장해야 합니다. 이 과정에서 기본을 다지고, 지속적으로 성장하기 위한 효과적 방법이 '좋은 책을 꾸준히 읽는 것 입니다. 평생, 기도와 성경읽기에 충실하며 좋은 책을 읽을 때, 우리는 건강하고 깊이 있는 신앙인으로 성장할 것입니다. 우리 교회가 독서토론회를 계속 추진하는 이유가 바로 여기에 있습니다. 주사랑 가족들이여, 계속 기도하며 공부합시다. 그렇게 더불어 하나님의 사람으로 자라갑시다. 아멘.

어른 됨의 부끄러움

졸업식에서 불미스러운 일들이 언론에 보도되고 있습니다. 예전에도 졸업식에서 교복을 찢고 밀가루를 뒤집어씌우는 것이 마치 소중한 관행처럼, 어른이 되는 거룩한 통과의례처럼 행해졌었지요. 그런데 아직도 그런 행태가 미풍양속처럼 일부 학생들 사이에서 벌어지고 있어, 사회적 비난의 대상이 되고 있습니다. 젊은 세대를 향한 기성세대의 걱정이 단순한 잔소리의 수준을 넘어, 진정한 근심의 지경에 달했습니다. '그 일에 우리 아이도 끼어 있다면…' 생각하기도 싫은 일입니다.

우리 아이의 졸업식에 참석했습니다. 직장 생활하는 부모들을 배려해서 저녁에 졸업식이 있었습니다. 강당 한가운데 졸업생들이 앉고, 주위에는 축하하러 온 가족들이 가득했습니다. 그런데 졸업식장은 소란스럽고 무질서했습니다. 아이들의 머릿속엔 빨리 끝내고 집에 갈 생각뿐인 듯했습니다. 300명이 넘는 학생들에게 일일이 졸업장을 나누어주는 교장 선생님, 아이들의 취미와 장래희망을 낭독하는 담임선생님들, 그리고 아이들을 축하하려고 달려온 부모님들에게만 이 순간이 감격스러운 듯했습니다. 아이들이 유일하게 진지한 반응을 보인 순간은 예상보다 빨리 교장선생님의 훈화가 끝났을 때뿐이었습니다. 참 씁쓸했습니다.

오늘 우리 교회에서도 4명의 학생이 졸업을 하고, 총 10명의 학생이 한 학년씩 진급을 합니다. 이들에게 이런 변화는 어떤 의미가 있을까요? 저들에게 시간의 변화, 환경의 변화가 어떤 의미가 있는지, 그 변화 앞에서 그들이 자신들의 삶을 어떻게 재조정·적응해야 하는지를 어떻게 가르칠 수 있을까요? 어떻게 저들이 시간 앞에 진지한 사람들로 성숙하도록 도울 수 있을까요? 어떻게 저들이 성장에 민감하고 책임 있게 반응하도록 교육할 수 있을까요? 교회 교육이 세상 교육과 어떻게 다르고, 교회 선생들이 세상의 선생들과 어떻게 다르며, 교회생활이 학교생활과 어떻게 다른지 어떻게 가르치고 입증할 수 있을까요?

아이들의 이상한 행태에 절망하다, 아이들의 생각 없음에 실망하다, 결국 문제의 화살이 어른들을 향해 다시 돌아옴을 깨닫습니다. 저 아이들은 우리가 낳은 아이들이며, 저 아이들의 세상은 우리를 모방한 세상이고, 저 아이들의 삶의 양태는 우리의 영향 속에 형성된 것이기 때문입니다. 어른들의 삶이 거짓, 폭력, 증오, 배반으로 점철된 시대에, 아이들의 작은 일탈에 몸서리치는 모습이 더 우습습니다. 아이들에게 실망하기 전, 어른이 먼저 회개해야 합니다. 아이들을 꾸짖기 전, 어른들이 먼저 변해야 합니다. 어른이 타락하는 세상에서 아이들이 천사가 되길 꿈꾸는 것은 코미디입니다. 자꾸만 일그러져가는 아이들을 보며, 어른 됨의 죄를 느낍니다.

질문 없이 답을 얻을 순 없습니다

"이 시대에 그리스도인으로 사는 것이 무슨 의미일까?" 고민해 봅니다. 교회의 덩치는 비대해지고, 교인들의 열정은 거침이 없는데, 왠지 하나님의 영광, 교회의 명예, 그리고 신자의 가치는 자꾸만 평가절하되는 것 같아 말입니다. 혹시 생각의 부재가 행동의 실패로 이어지는 것은 아닐까요? 그래서 이런 물음을 던져 봅니다.

먼저, 우리는 "나는 왜 그리스도인인가?"라는 물음을 물어야 합니다. 칼빈의 주장대로 우리가 하나님에 의해 선택되었든, 웨슬리의 설명처럼 우리가 기독교를 선택했든, 중요한 것은 지금 우리가 그리스도인이란 사실입니다. 이 사실이 중요합니다. 동시에, 왜 우리는 다른 선택이 여전히 가능함에도, 다른 종교가 아닌 기독교를 선택하는지, 다른 신이 아닌 하나님을 예배하는지 고민해야 합니다. 물론, 우리 가운데 아무 생각 없이 신앙생활을 하는 분은 없을 것입니다. 하지만 강요된 신앙이나, 맹목적인 신앙은 불안하고 위험합니다. 우리가 진지하고 믿음직스런 신앙인으로 살기 위해, 이 질문은 필수적입니다.

둘째, 우리는 "내 신앙생활의 목적은 무엇인가?"라는 질문도 함께 던져야 합니다. 어떤 이들은 천당 가기 위해 교회에 다닌다고 합니다. 다른 이들은 복 받기 위해 하나님을 찾습니다. 어떤 사람들은 삶의 복잡한 문제 해결을 바라며 교회 문을 두드립니다. 다른 사람들은 삶의 의미를 발견하기 위해, 혹은 믿음을 통한 세상변혁을 꿈꾸며 기독교를 선택합니다. 어떤 이들은 "하나님의 영광을 위하여"라고 당찬 비전을 밝힙니다. 그렇다면 여러분은 무엇 때문에, 혹은 무엇을 위해 하나님 앞에 무릎을 꿇습니까? 묻고 또 물어야 할 중요한 물음입니다.

끝으로, 우리는 "그리스도인으로 어떻게 살 것인가?"라고 물어야 합니다. 어떤 이들은 은밀하게 신앙생활을 합니다. 다른 이들은 자신의 신앙을 공개하며 살아갑니다. 어떤 이들에게 신앙은 지극히 개인적인 문제입니다. 하지만 다른 이들은 자신의 믿음을 공적인 영역에서 실천합니다. 어떤 이들은 가룟 유다 같은 신앙생활을 하고, 어떤 이들은 선한 사마리아인처럼 살아갑니다. 어떤 이들은 신앙 때문에 고통을 당하기도 하지만, 다른 이들은 신앙 때문에 영예를 얻습니다. 어떤 이들은 신앙이 장식용이지만, 다른 이들에게는 삶 자체이기도 합니다. 여러분은 어떻게 살고 있습니까?

물론, 신앙생활이 생각과 고민의 차원에 머물러선 안 되지요. 하지만 진지한 고민과 사색 없이 우리의 신앙은 결코 성숙할 수 없습니다. 우리의 삶에서 신앙에 대한 진지한 사색과 반성의 깊이가 더해갈 때, 우리의 신앙도 성숙하고, 삶은 온전히 익어 갈 것입니다. 질문 없이 답을 얻을 순 없는 것입니다.

과연 기독교는 예수종교인가?

기독교라는 종교가 있습니다.

'기독' 즉 '그리스도'를 섬기는 종교입니다. 어떤 신학자는 "기독교는 종교가 아니다"라고 주장했지만, 그것은 독백 내지 궤변에 지나지 않습니다. 분명, 기독교는 종교입니다. '성경'이라는 경전, '교회'라는 조직, 그리고 '목회자'라는 사제그룹이 있기 때문입니다. 그래서 종교학은 '기독교'를 종교의 대표적 모델로 설정합니다. 이처럼 대표적 종교로서 기독교는 지난 2천년 동안, 세계적 종교로 자신의 영역과 영향력을 확대해 왔습니다. 그 결과, 팔레스타인 지역에서 유대인 중심으로 형성된 종교가 2천년 후 한반도에서 한국인의 종교로 지속되고 있습니다. 그 역사와 규모가 자못 대단합니다.

그렇다면 그리스도를 '하나님의 아들'로, 성경을 '하나님의 말씀'으로 섬기는 기독교는 얼마나 예수 및 성경과 관계가 있을까요? 자신의 주장처럼, 예수를 얼마나 철저히 따르고, 성경에 얼마나 순종할까요? 오늘의 기독교가 예수의 진리에 충실한 종교입니까? 성경의 가르침에 진실한 종교입니까? 자신의 주장처럼, 예수의 진리를 독점한 유일의 종교입니까? 아니면 예수의 진리에서 이탈한 변종입니까? 성경의 핵심을 보존해온 유일한 진리입니까? 아니면 성경을 팔아 이익을 챙기는 교활한 상술입니까? 자신의 주장처럼, 이 시대를 구원한 유일한 진리요 해법입니까? 아니면 시대를 '말아먹는' 암적 존재입니까? 기독교입니까, 개독교입니까?

예수님은 "원수도 사랑하라"고 설교하셨습니다. 그런데 어떤 기독교는 타 종교, 다른 신학, 다른 이념을 '적 그리스도'라고 저주합니다. 예수님은 제자들의 발을 씻기고, 죄인을 위해 십자가를 지셨습니다. 그런데 어떤 교회는 사회의 중심과 정상을 탐하고, 죄인들을 정죄합니다. 예수님은 "칼로 선자는 칼로 망한다"고 꾸짖었으나, 어떤 목사는 타 종교를 향해 '성전' 聖戰을 선포합니다. 예수님은 "가난한 자는 복이 있나니"라고 가르쳤으나, 어떤 신학은 "부자는 축복, 가난은 저주"라고 설교합니다. 성경은 "나 외에 다른 신을 섬기지 말라, 우상에게 절하지 말라"고 교훈하나, 어떤 교리는 "자본주의를 섬기고, 돈에게 절하라"는 궤변을 늘어놓습니다.

기독교가 참 종교일 수 있는 것은 많은 사람이 믿기 때문이 아닙니다. 대형교회가 많이 생기고, 선교사를 많이 파송하기 때문도 아닙니다. 목사들의 영향력이 확대되고, 기독교인들의 사회적 지위가 향상되기 때문도 아닙니다. 기독교가 진리의 종교, 생명의 종교, 천국의 종교가 될 수 있는 것은 그리스도를 섬기고, 성경의 가르침에 순종하기 때문입니다. 세상의 권세가 아니라, 그리스도의 마음을 추구하며, 이생과 안목의 자랑이 아니라, 그리스도를 아는 지식을 자랑하기 때문입니다. 정복, 정죄, 승리, 성공, 권세, 성장보다 섬김, 용서, 사랑, 희생, 포용, 십자가, 빛과 소금을 갈망하기 때문입니다. 우리의 종교 기독교가 정녕 예수와 성경의 종교가 되길 간절히 기도합니다.

역시 사람입니다

사는 것이 용이하지 않습니다. 그래서 어떤 종교는 삶 자체를 고통으로 규정하기도 합니다. 겉으로 멀쩡해 보이는 사람에게도 나름의 한숨과 고민이 있습니다. 자본주의 사회에서 살고 있는 우리에겐 늘 돈이 문제입니다. 살기 위해 꼭 필요한 돈이 대부분의 사람들에게 늘 부족하기 때문입니다. 오늘날처럼 사람들이 건강에 집착하던 시절도 없었던 듯합니다. 그것은 질병에 대한 부담과 공포가 그만큼 크다는 뜻이겠지요. 사람 때문에 사는 것이 고통스럽기도 합니다. 가장 사랑해야 할 사람들이 정작 가장 무서운 원수가 될 때, 삶은 정말 지옥이 됩니다. 요즘처럼 삶 자체가 무한경쟁의 정글이 된 시대에 살아남는 것 자체가 기적이요 은총이 아닐 수 없습니다. 그만큼 사는 것이 만만치 않습니다.

　이렇게 가혹한 현실에서 우리가 계속 살아갈 수 있는 힘은 무엇일까요? 돈, 질병, 사람 그리고 생존에 대한 극진한 부담 속에, 오늘도 우리가 하루를 다시 시작할 수 있는 이유는 무엇일까요? 저는 그 힘과 이유 중 하나가 '감동'이라고 생각합니다. 고통스런 현실 속에서 순간순간 체험하는 작은 감동이, 사막 같은 삶의 한 복판에 희망과 용기의 오아시스를 만들어 주기 때문입니다. 그런데 그 감동은 늘 사람을 통해 찾아옵니다. 힘들 때 말 없이 손을 잡아 주고, 고통스러울 때 넋두리를 들어주고, 막막할 때 슬며시 주머니에 용돈을 찔러주고, 용기를 잃었을 때 힘껏 파이팅을 외쳐주고, 살기 싫어졌을 때 가만히 안아주고, 외로움에 서러울 때 곁에 있어주고, 마음이 추울 때 따뜻한 커피를 타주고, 삶의 방향을 잃었을 때 눈물로 기도해 주는 '사람' 때문에, 우리는 감동 속에 계속 살 수 있는 것 같습니다.

　돌이켜 보니 제 주변에는 늘 그런 사람들이 있었던 것 같습니다. 외롭다는 생각을 하며 살았는데, 자꾸만 저를 감동시키는 사람들이 곁에 많이 있더군요. 저의 부족한 설교에 큰 소리로 "아멘"하는 성도들 때문에 힘을 얻습니다. 밝은 미소로 저의 손을 잡아주는 분들 때문에 용기가 납니다. 함께 놀아주지도 못하는 아빠를 꼭 안아주는 아이들 때문에 살 맛이 납니다. 고생만 시키는 남편임에도 한결 같이 신뢰해 주는 아내 덕에 삶이 감사가 됩니다. 친구의 도리를 다하지 못함에도 뜬금없이 전화를 걸어 "친구야!"라고 불러주는 놈들 때문에 그래도 웃게 됩니다. 터무니 없는 기도에도 늘 넉넉한 축복으로 응답해주시는 예수님 때문에 저는 오늘도 신자입니다.

성도 여러분, 분명히 사는 것이 어렵습니다. 하지만 우리 곁에는 사람들이 있습니다. 사랑하는 사람들 말입니다. 그들은 하나님께서 우리에게 주신 가장 아름답고 소중한 선물입니다. 사람 때문에 받은 상처가 사람 때문에 받은 감동으로 치유됩니다. 살기 때문에 겪는 고통이 감동으로 극복됩니다. 하나님이 그 아들을 우리에게 '사람의 몸'으로 보내신 것도 같은 이유라고 생각합니다. 이제, 우리 교회가 이런 사람들로 가득 찬 공동체가 되길 소망합니다.

가끔 후회하는 남자, 가끔 만족하는 여자

문화심리학자로 요즘 인기가 절정인 김정운 교수의 베스트셀러 『나는 아내와의 결혼을 후회한다』를 읽고 있습니다. 몇 달 전, 모 라디오 프로그램에 그가 출연했는데, 당시 저는 운전 중이었습니다. 제 평생에 라디오를 듣다 그렇게 웃었던 적이 없습니다. 그것도 그의 말에 거의 전적으로 공감하면서 말입니다. 우리 식으로 말하면, 정말 은혜 많이 받았습니다. 다음 달에 교인들과 함께 읽을 책을 고르다 그 때 일이 생각나, 이 책을 구입해 읽고 있는 것입니다. 아이들이 옆에서 자꾸 "아빠 왜 자꾸 웃어요?"라고 묻습니다. 아무튼 벌써 40대 중반을 목전에 둔 저에게 딱 맞는 책인 듯합니다. 다음 달에 같이 읽읍시다.

이 책의 앞부분에 이런 대목이 나옵니다. 남편이 아내에게 "가끔 당신과 결혼한 것을 후회한다"고 말합니다. 그러자 아내가 남편에게 말합니다. "난 만족하는데… 아주 가끔." 아내의 답에 남편의 가슴이 뜨끔합니다. 가끔 후회하는 사람이 있습니다. 우리 대부분은 그 '가끔' 이 맘에 걸립니다. 완벽한 결혼생활을 꿈꾸는 이들에게 그 가끔은 옥의 티면서, 인정하고 싶지 않은 현실이기 때문입니다. 그러나 '가끔 만족하는 사람' 앞에선 할 말을 잃습니다. 어떻게 해볼 도리가 없습니다. 무엇을 어디서부터 어떻게 시작해야 할지 그저 암담할 뿐입니다. 동일한 단어 '가끔' 뒤에 무슨 술어가 붙는가에 따라 이렇게 어감이 달라지는지 미처 몰랐습니다. 아무튼, 이 문구가 종일 머리 속을 떠나지 않았습니다.

이 말을 우리 신앙생활에 적용해 보았습니다. 우리 교인들에게, 신앙생활의 만족도를 물어본다면 어떤 대답이 나올까요? 당신은 하나님에게 얼마나 만족합니까? 당신의 신앙생활에는 어느 정도 만족합니까? 당신은 기독교인이 된 것에 대해 후회하지 않습니까? 당신은 주사랑교회에 대해 얼마나 만족합니까? 당신은 목사님의 설교에 얼마나 만족하니까? 등등. 과연 이런 질문에 "가끔 후회합니다", "가끔 불만족스럽습니다"라고 답할까요? 아니면, "아주 가끔 만족할 때도 있습니다", "아주 가끔 은혜 받을 때도 있습니다"라고 말할까요?

　　이제 여든을 한참 넘기신 저의 외할머니는 순복음교회 집사님이십니다. 이제는 많이 연로 하셔서 걷기도 힘들어 하시고 귀도 많이 어두워지셨습니다. 하지만 할머니의 찬송소리는 여전하십니다. 할머니가 제일 좋아하시는 찬양이 있습니다. 명절에 저만 보면, 제 손을 잡고 부르시는 찬양입니다. "사람을 보며 세상을 볼 때, 만족함이 없었네. 나의 하나님 그분을 볼 때 나는 만족하였네…" 두 주먹을 불끈 쥐고 큰 소리로 찬양하실 때, 그 얼굴엔 어린 아기 같은 해맑은 웃음이 가득 퍼집니다. 정말 하나님으로 인해 만족하는 성도의 거룩한 모습입니다. 갑자기 할머니가 보고 싶습니다. 할머니와 함께 그 찬양을 힘차게 부르고 싶습니다. 여러분도 함께 부를까요? "나의 하나님 그분을 볼 때 나는 만족하였네."

기도 앞에 여름의 더위도 꼬리를 내리고

　　요즘은 더위도 너무 덥습니다. "에어컨 없는 시절에 어떻게 살았을까?" 하는 생각이 들 정도로, 에어컨의 도움으로 겨우 연명하는 상황입니다. 가만히 있어도 몸에 땀이 납니다. 조금만 몸을 움직여도 몸이 끈적거려 여간 불쾌한 것이 아닙니다. 아무리 게을러도 하루에 몇 번씩 샤워를 해야 합니다. 얼마 전 인터넷 뉴스를 보니, 술 취한 사내가 에어컨을 끼고 잠이 들었다 목숨을 잃었다고 합니다. 웃어야 할지, 울어야 할지 모를 기막힌 현실입니다. 밤마다 더위 때문에 깊이 잠들 수 없어, 하루 종일 정신이 몽롱하고 몸이 무겁습니다. 그저 8월이 속히 지나고 9월이 오기만 손꼽아 기다릴 뿐입니다.

하지만 여름이 더운 것은 지극히 당연하고 바람직한 것입니다. 여름에 서리가 내린다면 더 이상한 것이지요. 더위 때문에 잠시 불편하고 고통스럽지만, 여름이 뜨거워야 천지만물이 정상적으로 돌아가고, 다가올 가을이 의미있는 것이지요. 순간적으로 고통스럽다고 여름의 더위를 제거해버리면, 마땅히 가을에 기대할 수 있는 열매들도 사라집니다. 따라서 자연의 법칙에 따라 지금 당하는 고통은 무자비한 저주가 아니라, 다가올 미래를 준비하는 지극히 정상적인 축복입니다. 이 여름의 더위를 가장 당당하게 견딘 자들이 이 가을을 가장 뿌듯하게 맞이할 수 있을 것입니다.

이 더운 계절에 우리 교인들은 밤마다 모여 뜨겁게 기도하고 있습니다. 물론 기도할 제목이 쌓여 있기에 기도할 수밖에 없는 상황이지만, 매일 밤 모여 기도하는 것이 여간 어려운 일이 아닙니다. 일단 열대야 현상이 극성인 저녁에 집을 나선다는 것 자체가 대단한 의지 없인 불가능합니다. 월요일부터 금요일까지 이어지는 기도회에 참석하기 위해선 삶의 일정도 완전히 재구성해야 합니다. 사생활의 많은 부분을 포기해야 하고, 안락한 저녁시간도 시간표에서 지워야 합니다. 보통 수고스런 일이 아닙니다. 또 지친 육신에도 불구하고 예배를 드리고, 장시간 온 힘을 다해 기도하는 것은 여간 힘든 일이 아닙니다. 그런데 우리는 이 무더운 계절에 이런 수고를 바보처럼 되풀이하고 있습니다.

물론, 힘듭니다. 적당히 꾀를 부리고 싶은 유혹도 만만치 않습니다. 하지만 그렇게 더위와 싸우며, 자신과 싸우며, 또 시간과 싸우며 한 달을 보냈습니다. 시간이 지나면서 기도의 불이 타오르고, 믿음의 열기가 더해감을 느낍니다. 살인적 더위 속에 믿음으로 심은 기도가 서서히 뿌리 내리는 느낌을 강하게 받습니다. 이렇게 심은 기도의 씨앗이 이번 가을에 어떤 열매로 우리 앞에 나타날까요? 그래서 이 여름의 수고가 뿌듯하며, 다가올 9월이 너무 기대됩니다. 사랑하는 성도 여러분, 덥습니다. 하지만 이 더위에 기도로 믿음의 씨를 뿌립시다. 현재의 고난은 장차 받을 축복과 비교할 수 없습니다. 바울의 약속입니다.

대박 난 만두가게 앞에서

요즘 우리 동네에 난리가 났습니다. 좀 표현이 과장된 듯하지만, 그렇게 말하고 싶을 정도로 특별한 현상이 벌어지고 있는 것입니다. 이런 난리의 원인은 몇 일전 문을 연 만두가게 때문입니다. 이 가게는 오직 "take out" 즉, 사서 집에 가져가는 방식으로 만두와 찐빵을 팔고 있습니다. 그런데 이 만두가게가 소위 대박이 난 것입니다. 아침 10시쯤에 문을 열어, 저녁 7시쯤에 문을 닫는데, 온종일 만두 집에서 허연 김이 끝없이 올라오고, 그 앞에는 자기 차례를 기다리는 사람들의 줄이 길게 늘어서 있습니다.

5~6명의 종업원들이 쉬지 않고 만두와 찐빵을 빚고, 9개의 대형 찜통에서 쉬지 않고 만두와 찐빵을 쪄내고, 두 사람이 손님들을 상대하며 뜨거운 만두와 찐빵을 봉투에 담아 팝니다. 그래도 손님들은 보통 20분 이상을 기다려야 자기 몫의 만두와 찐빵을 살 수 있습니다. 이런 상황에서 한 사람이 30개를 주문하자 뒤에 있던 사람들이 난리가 났습니다. 결국, 한 사람에게 10개 이상을 팔지 않는다는 희한한 규칙까지 생겼습니다. 그래도 줄을 기다리는 사람들의 표정은 기대감으로 가득합니다. 마침내 만두를 사서 봉투를 손에 들고 가는 사람들의 얼굴에는 안도와 행복이 교묘히 교차합니다. 이 광경을 지켜보며 지나가는 사람들은 부러움과 황당함이 뒤섞인 역설적 표정을 짓습니다. 아무튼 재미있는 광경이 우리 동네에 생긴 것입니다.

그렇다면 우리 동네 사람들이 이 만두 집에 모여드는 이유는 무엇일까요? 첫째, 만두의 크기가 장난이 아닙니다. 왕 만두는 바로 이런 것을 두고 말하는 것이지요. 둘째, 맛 또한 일품입니다. 종업원들은 정해진 레시피에 따라 일일이 저울에 무게를 달아가며 만두와 빵을 만듭니다. 그 안에 들어가는 속의 양도 엄청납니다. 그래서 정말 맛있습니다. 셋째, 가격도 정말 파격적입니다. 그렇게 엄청난 크기와 당당한 맛을 지녔음에도 무조건 1개에 천원입니다. 만 원만 있으면 성인 5명의 한 끼가 해결됩니다. 크고 맛있고 쌉니다. 그러니 사람들이 좋아하지 않을 수가 없지요.

덕택에 그 옆에서 찐빵과 도넛을 팔던 포장마차는 망하기 직전입니다.

대박 난 만두 집 앞에서 저의 순서를 기다리며 생각해 보았습니다. 이 집이야말로 이 시대에 필요한 정신과 전략으로 사업하는 곳이다! 그렇다면 교회도 그래야 하지 않을까요? 모두가 경제적으로 어렵게 사는 시대에, 적은 비용으로도 맛있는 만두를 배부르게 먹을 수 있게 한 이 가게처럼, 교회도 이 시대 사람들의 영적 필요를 적절하고 풍요롭게 채워줄 수 있어야 하지 않을까요? 맛있는 영적 음식을 부담 없이 즐길 수 있는 곳, 서로 먼저 그 음식을 먹고 싶어 안달하는 곳, 기다리는 사람들에게는 무한한 기대감을, 돌아가는 사람들에게는 커다란 만족감을, 구경하는 사람들에게는 지극한 호기심을 불러일으키는 곳, 교회는 그런 곳이 되어야 하지 않을까요? 우리교회가 그렇게 되길 소망합니다.

소원입니다

사랑의교회 원로목사인 옥한흠 목사께서 소천하셨습니다. 한국교회가 양적 성장에 몰두할 때, 그분은 제자양육을 통해 한국교회의 질적 성장에 큰 공헌을 했습니다. 특히, 목회자 중심의 한국교회 풍토에서 평신도의 중요성을 일깨우며, 한국교회가 한층 성숙한 문화를 형성하도록 도움을 주었습니다. 결국, 그의 목회를 통해 목회자들은 각성하고, 신학생들은 열광하고, 평신도들은 성장했습니다. 그분이 한국교회를 향해 예언자적 메시지를 선포할 때, 많은 이들이 겸손하게 그의 말씀에 귀 기울였습니다. 그가 한국교회 앞에 자신의 부족함을 회개할 때, 많은 이들이 함께 참회의 눈물을 흘렸습니다. 이제 그가 세상을 떠나자, 많은 이들이 그의 죽음 앞에 눈물을 흘리고 있습니다. 귀한 분이 가셨습니다.

유명환 외교통상부장관이 사임했습니다. 그의 딸이 외교부 계약직 직원으로 채용되는 과정에서 부정이 개입되었다는 소문이 돌며 그에 대한 국민의 여론이 급격히 악화되어, 결국 경질성 사임을 하게 된 것입니다. 누가 봐도 부정의혹이 가득한 상황에서, 그는 터무니없는 변명을 반복했습니다. 들리는 말에 의하면, 그의 딸은 외교부에서 마치 '제3의 차관'처럼 행세했고, 계약직 직원의 신분으로 무단결근을 일삼았다고 합니다. 아침 신문사설에는 장관으로서 그의 수고와 업적에 대한 언급은 전혀 없고, 그의 부적절한 언행과 품행에 대한 비난만 가득했습니다. 야당 정치인들과 국민은 물론, 대통령까지 참담한 심정에 그를 경질했다는 소문이 들립니다. 그의 경질에 대한 환호성이 사방에 가득합니다.

대성학원 이사장이신 김신옥 목사님의 자서전이 나왔습니다. 저도 그분의 자서전 출판작업에 참여할 수 있는 영예를 얻었습니다. 그래서 지난 몇 개월 간 그분을 자주 뵙고, 많은 이야기를 직접 들을 수 있었습니다. 또 이 작업에 동참한 귀한 분들도 만날 수 있었고요. 평양 출신인 그분은 해방 후 남한에서 새로운 삶을 시작했습니다. 무에서 유를 창조하듯, 전쟁의 폐허 위에 5개의 중고등학교, 1개의 대학원대학교, 그리고 1개의 교단을 설립했습니다. 수많은 절망적 상황에서 하나님에 대한 믿음, 지혜 그리고 용기로 기적 같은 인생을 살아왔습니다. 80대 후반의 나이에도, 1일1식만 하며, 학교와 교단 그리고 조국을 위해 하루의 태반을 기도로 보내시는 그분 앞에서, 절로 고개가 숙여졌습니다.

위의 세분은 이번 주 동안 특별히 저의 가슴에 와 닿은 분들입니다. 옥 목사님의 죽음 앞에, 세상은 "교회의 큰 별이 지다"고 평했습니다. 윤 장관의 사임에 대해선, "잘 됐다"라고 박수쳤습니다. 김 목사님의 생애 앞에선 "존경합니다"란 고백이 절로 나왔습니다. 그렇다면 현재 우리는 어떤 삶을 살고 있습니까? 또 우리의 죽음 앞에 세상은 무어라 말할까요? 우리의 성공과 실패에 대해 세상의 평가는 어떨까요? 저는 옥 목사님처럼 깨끗한 목회자가 되고 싶습니다. 저는 윤 장관의 실패를 거울삼아, 더욱 공정하고 책임 있는 지도자가 되도록 하겠습니다. 또한 김 목사님처럼, 신령한 신자가 되고 싶습니다. 비록 그분들처럼 세상에 이름을 떨치지는 못할지라도, 주님과 세상 앞에 부끄럽지 않은 삶, 제 자신에게 후회 없는 삶을 살고 싶습니다. 시인 윤동주의 고백처럼, "하늘을 우러러 한 점 부끄러움 없는 삶"을 살고 싶습니다. 소원입니다.

꿈이 있어 행복합니다

요즘 우리는 즐거운 꿈을 꾸고 있습니다. 교회이전의 꿈 말입니다. 이곳 상가지하에서 보낸 10년 가까운 역사를 마무리하고, 지상에 위치한 새로운 교회로 이전하는 것, 우리에겐 정말 꿈입니다. 올해 초부터 이런 꿈을 꾸기 시작했습니다. 아름다운 꿈이지만, 실현 되기엔 아득한 꿈이었습니다. 현실에 눈이 머물 때면, 그 꿈은 모두에게 부담이었습니다. 하지만, 현실 대신 꿈에 마음이 모아질 때, 우리의 가슴은 뛰고 행복했습니다. 그렇게 꿈을 꾸며 1년의 세월이 지나고 있습니다.

아직까지 아무 것도 결정된 것은 없습니다. 재정이 확보된 것도 아니며, 해결해야 할 여러 문제도 여전합니다. 하지만 꿈을 꾸며 기도하고, 장소를 찾아 다니고, 물질을 위해 분투하면서, 가슴이 뛰는 것을 느낍니다. 극복해야 할 난제도 많이 있고, 아직 채워야 할 기도의 분량도 상당하겠지만, 가슴에 꿈을 지니고 있기에 힘들어도 행복합니다. 만약 꿈을 꾸지 않았다면, 이런 기쁨을 누리지 못했겠지요. 꿈을 꾸지 않았다면, 지금과 다른 미래를 결코 기대할 수 없겠지요. 가난하고 소박한 현실이지만, 꿈을 꿀 수 있기에 가슴은 벅차고 뜨겁습니다.

70세에 고향을 떠나 새로운 미래를 개척하는 아브라함. 광야를 떠나 애굽을 향해 전진하는 늙은 모세. 사울의 갑옷을 벗고 골리앗을 향해 맨몸으로 돌진하는 소년 다윗. 그물을 내던지고 주님을 따라나선 갈릴리의 어부들. 보장된 미래를 버리고 거친 세상을 향해 떠나는 사도 바울. 하늘에서 떨어진 불 속에 이방 땅에 교회를 세운 초대교회 성도들. 예수를 만난 후 피보다 소중한 재산을 포기했던 막달라 마리아와 삭개오. 그리고 하늘의 보좌를 포기하고 십자가의 죽음을 당당히 선택한 주님. 이들은 꿈을 꾸며 새로운 미래를 개척한 성경의 영웅들입니다.

꿈을 꾸는 사람에겐 미래가 있습니다. 꿈을 꾸는 사람에겐 가능성이 있습니다. 그래서 꿈을 꾸는 자는 생물학적 나이와 상관 없이 청년입니다. 경제 정치적 현실과 상관 없이 지금 행복할 수 있습니다. 비록 현실이 암담하고 미래가 불투명해 보여도 꿈만 포기하지 않는다면, 여전히 모든 것이 가능합니다. 반면, 꿈을 잃어버린다면, 육신은 젊어도 그는 이미 노인입니다. 현실적으로 부족함이 없어도, 그는 정녕 가난합니다. 여러분, 육신의 나이와 상관없이, 현재의 상황에 기죽지 않고, 일평생 신선하고 짜릿한 꿈을 꾸십시오. 개꿈이 아닌 길몽을 말입니다.

3부
세상을 바꾸는 도전

빌라도와 예수님

광우병에 대한 두려움이, 아니 국민의 안전보다 미국의 압력에 더 긴장하는 정부에 실망한 사람들이 밤마다 촛불을 들고 거리로 나서고 있습니다. 특정 단체나 이념에 의해 통제되거나 지도되는 시위가 아니라, 어린이부터 노인에 이르기까지 다양한 배경의 시민이 자발적으로 광장에 모여 구호를 외치며, 평화적 시위를 벌이고 있습니다. 80년대 시위를 특징 지웠던 화염병도 보이지 않습니다. 각목이나 쇠파이프, 혹은 돌멩이도 보이지 않습니다. 민중가요나 걸개그림도 없습니다. 대신 그들의 손에 작은 촛불이 들려 있습니다. 손에 들린 작은 팻말들이 그들의 구호를 대신하고 있습니다.

그러나 이런 시위를 향한 국가권력의 반응은 예전과 달라지지 않았습니다. 물론 예전처럼 최루탄을 쏘아대지 않고, 백골단의 모습도 보이지 않습니다. 그러나 여전히 정부는 국민의 뜻을 무시합니다. 대충 어려운 말로 순진한 백성을 호도하려 합니다. 배후세력 운운하며 소박한 국민의 정당한 요구를 이념과 정치로 오염시킵니다. 책임자들은 비굴하게 책임을 회피합니다. 평화적 시위대를 향해 물대포를 쏘아대고, 여학생들의 머리를 군홧발로 짓밟습니다. 대통령이 국민 앞에 사과했지만, 전경들의 진압은 더욱 가혹하고 폭력적이 됩니다. 자신을 방어할 준비가 되어 있지 않은 시민은 상처를 입고, 겁에 질린 아이들과 여인들의 울음이 밤하늘을 울립니다.

현 정부의 모습은 빌라도의 추한 모습을 떠올리게 합니다. 로마와 군중의 압력 속에서 무책임하게 예수를 희생양으로 포기했던 그의 모습이 미국과 국익을 운운하며 백성을 광우병의 위협 속으로 밀어 넣는 현 정부와 너무 닮아 보입니다. 무엇이 진리인지 그가 몰랐을 리 없습니다. 무엇이 하늘의 뜻인지 그가 혼동했을 리도 만무합니다. 그러나 진리에 대한 정확한 판단과 인식도 현실적 압력과 이익 앞에선 비현실적 몽상으로 추락해 버립니다. 반면 그 배반과 무책임, 그리고 광기의 한복판에서 하늘의 뜻을 위해 침묵하며 담담히 십자가를 지는 예수님의 모습이 클로즈업됩니다. 현란한 수사학과 난해한 논리로 자신의 실책을 무마시키려는 빌라도보다, 아우성 속에 침묵으로, 변명 대신 십자가로 자신의 뜻을 표현한 예수님이 가슴 사무치게 그립습니다. 아, 주님! 이 나라를 지켜주소서!

아기 예수님이 참 좋습니다

창세기에서 하나님이 손으로 빚어 만든 최초의 인간은 성인이었던 것 같습니다. 그 아담이 곧 이브와 가정을 꾸린 것처럼 보이기 때문입니다. 그런데 두 번째 아담으로 이 땅에 오신 예수님은 어른이 아니라, 갓난 아기로 오셨습니다. 저는 첫째 아담보다 둘째 아담이 모든 면에서 좋지만, 특히 이 점이 정말 좋습니다. 하나님께서 이 땅에 너무나 귀여운, 그러면서 한없이 연약한 아기의 모습으로 태어나신 것이 말입니다.

어떤 사람이 말했습니다. "저는 세상에서 제일 아름다운 모습이 갓난아기가 잠자는 모습이라고 생각해요." 저도 그렇게 생각합니다. 아기들이 두 팔을 위로 올리고, 다리를 양쪽으로 벌린 채, 한없이 평안한 표정으로 새근새근 잠자는 모습을 볼 때, "이것이 아름다움이고, 이것이 평화구나!" 하고 감탄하며 눈물이 납니다. 우리 주님도 저런 모습으로 베들레헴의 말구유에 누우셨겠지요. 어른들이 흉내 낼 수 없는 그 아름다움과 평화를 몸소 이 땅에 보이면서 말입니다.

내 아이가 처음 태어났을 때, 그 아이는 너무나 작고 가볍고 약했습니다. 팔에 안았는데, 어떻게 해야 할지 몰랐습니다. 정말 작고 약해 보였기 때문입니다. 그 작은 생명 앞에서 초보 아빠는 참 한심했습니다. 그러나 아이를 안으면서 이렇게 다짐을 했습니다. "아가야, 아빠가 너를 꼭 지켜줄 거야." 우리 주님도 그렇게 연약한 모습으로 태어나셨겠지요. 누군가의 도움 없이는 한순간도 홀로 존재할 수 없는 작고 약한 존재로 말입니다.

성탄절을 아이들이 제일 좋아하는 이유를 오늘은 조금 더 알 것 같습니다. 예수님도 자신들처럼 작고 귀여운 아기였음을, 또 자신들처럼 연약하고 불완전하게 태어났음을 아이들이 본능으로 알기 때문인 것 같습니다. 지금도 세상의 너무나 많은 아이가 못난 어른들의 무능과 무책임 때문에 울고, 굶고, 절망하고, 죽어가고 있습니다. 부디 이번 성탄절만큼은 이 땅의 모든 아이에게 진정한 구원과 평화의 날이 되어야 할 것입니다. 주님, 저들에게 당신의 사랑과 은총을!

무지에 근거한 맹신은 두렵습니다

성경이 우리 삶의 모든 문제에 대한 정답을 직접 제시하지 않는다는 말은 당혹스럽습니다. 대다수 그리스도인이 성경을 절대 무오의 완벽한 신서神書로 믿기 때문입니다. 그러나 성경은 만유인력의 법칙을 설명하지 않고, 피타고라스의 정리를 해석하지 않습니다. 민주주의와 공산주의의 장단점을 분석하지도 않습니다. 심지어 한계효용의 법칙에 대한 주석도, FTA에 대한 실천적 지침도 성경에는 없습니다.

기도하는 사람이 만사에 올바른 판단을 내리고, 난제에 대한 해법을 정확히 발견하며, 혼돈 속에서 진리를 용기 있게 실천하는 것도 아니란 말은 무섭습니다. 열심히 기도하면서 인권을 짓밟는 독재자도 있기 때문입니다. 기도의 사람으로 알려졌으나, 특정 경제이론과 성서에 따른 진리를 혼동하는 기독교 기업인, 특정 정당의 당파적 이익과 하나님 나라를 혼동하며 새벽마다 눈물로 기도하는 돈독한 신앙인도 있기 때문입니다.

해방 이후 우리는 3명의 기독교 장로 대통령을 모셨습니다. 이승만, 김영삼 그리고 이명박 대통령이 바로 그들입니다. 한 분은 독립운동가로서, 다른 한 분은 민주투사로서, 마지막 분은 성공한 기업가로서 대통령이 될만한 자격을 충분히 갖춘 분들이었습니다. 더욱이 많은 신앙인은 그들이 그리스도인이란 이유 때문에 거의 맹목적으로 지지했습니다. 그러나 이 3명의 장로 대통령들은 결코 국민의 깊은 존경을 받지 못했습니다. 현실적 아픔이며 신앙적 허탈입니다.

　이런 역사적 경험과 뼈아픈 현실을 경험하면서, 우리 그리스도인들이 좀 더 성숙해야 할 것입니다. 성경이 완벽하다고 안심하기 전에, 성경 통독의 중요성을 강변하기 전에, "우리는 성경을 어떻게 읽을 것인가?" 자문해야 합니다. 기도 많이 하는 것을 자랑하기 전에, 기도의 중요성을 역설하기 전에, "우리는 무엇이라고 기도할 것인가?" 묵상해야 합니다. 그리스도인이 하면 다르다고 단정하기 전에, 그리스도인에게 맹목적 지지를 표명하기 전에, "어떤 그리스도인에게 맡길 것인가?" 고민해야 합니다. 정말 많이 자문하고, 묵상하고, 고민해야 합니다. 그래야만 합니다.

어느새 자전거를 타는 딸아이를 보면서

　　　　　　　　　　　둘째 아이의 생일선물로 자전거를 사주었습니다. 녀석은 생일 전부터 "이번 생일 선물로 자전거를 사주세요."라며 노래를 불렀습니다. 혹시 아빠가 자신의 생각을 무시하거나 잊을까 걱정을 하며, 저를 볼 때마다 제게 세뇌교육을 했습니다. "아빠, 잊지 마세요. 꼭 자전거를 사주셔야 해요." 저는 그렇게 녀석에게 수 주일을 시달린 끝에, 드디어 인터넷으로 자전거를 주문했습니다. 며칠 전, 택배로 자전거가 배달된 날, 당시 학회에 참석 중이던 저에게 녀석은 수

차례 전화를 걸어, "아빠, 언제 오세요? 빨리 와서 자전거를 조립해 주세요."라고 들볶았습니다. 얼마나 자전거를 타고 싶으면 저럴까 싶어, 절로 웃음이 나왔습니다.

 자전거를 조립하고, 가족이 모두 공원에 자전거를 타러 갔습니다. 무엇보다 둘째 아이에게 자전거 타는 법을 가르쳐 주기 위해서요. 둘째 아이는 자전거 타기에 열심히 도전했지만, 아직은 무리였습니다. 저는 열심히 자전거 뒤를 잡고 아이에게 소리를 치며 요령을 가르쳐 주었으나, 아이는 자전거와 함께 번번이 옆으로 힘없이 쓰러졌습니다. 앞으로 얼마나 더 고생을 해야 할지, 순간적으로 한숨이 나왔습니다. 대신, 얼마 전 처음으로 자전거를 스스로 타기 시작한 첫째 아이는 신이 나서 동생의 자전거를 탔습니다. 순간적으로 저는 옛 기억이 떠올랐습니다. 수년 전, 첫째 아이에게 자전거를 가르치다 포기했던 일을 말입니다. 그렇게 고생을 하며 연습했으나 끝내 배우지 못했었는데, 오늘 큰아이는 혼자서 유유히 자전거를 타며 공원을 돌았습니다. 그런 첫째 아이를 보면서, 지금은 한심해 보이는 둘째 아이에게 희망을 품을 수 있었습니다. 얼마 후, 혼자서 멋지게 자전거를 타고 있을 녀석의 모습을 떠올리면서 말이지요.

 모두가 살기 어렵다고 합니다. 들려오는 경제위기설에 모두가 잔뜩 긴장하고 있습니다. IMF 때보다 더 힘든 시절이 도래할지 모른다는 뜬소문도 돌아다닙니다. 눈을 크게 뜨고 사방을 둘러보아도, 보이는 징조는 희망의 빛이 아닌, 불안의 그림자뿐인 것 같습니다. 하지만, 지난 시간을 돌아보세요. 지금보다 더 어려웠던 수많은 순간을 우리는 당당히 견뎌냈습니다. 그런 과거의 기억이 내일에 대해 희망을 품게 합니다. 마냥 어렸던 저의 큰딸이 어느덧 성장하여 유유히 자전거를 타는 현실처럼 말이지요. 지금까지 함께 하신 '에벤에셀' 하나님께서, 끝까지 우리의 '임마누엘'로 우리 곁을 지키실 것입니다. 그렇게 현재의 두려움을 희망으로 돌파합시다.

오체투지 순례단과 자살하는 연예인들

"오체투지 순례단"이라고 들어보셨나요? 문규현 신부님과 수경스님이 지리산 노고단을 출발해서 지난 30일간 삼보일배세 걸음 후 한번 절하기를 하며 종교적 순례를 하고 있습니다. 오체투지는 불교의 절하는 방식 중 하나로, 몸의 다섯 지체, 즉 두 무릎을 땅에 꿇고 두 팔을 땅에 대고서 이마를 땅에 대는 방식으로 절하는 것입니다. 불교에서 겸손을 훈련하기 위해 실행하는 인사법의 하나입니다. 환갑을 넘긴 나이의 두 성직자가 이런 방식으로 절을 하며, 이 땅에서 가장 겸손한 모습으로 '사람의 길, 생명의 길, 평화의 길'을 찾아, 지난 30일 동안 순례의 길을 걸어오신 것입니다.

"왜, 이런 순례를 하고 있느냐?"고 사람들이 물었습니다. 그 질문에 문 신부님과 수경 스님은 "현시대에 사람 간의 의사소통이 단절되었기 때문"이라고 답했습니다. 위정자들과 백성 간의 의사소통이 어렵습니다. 사람과 사람 사이에 말이 통하지 않습니다. 사람과 자연 간에도, 국가와 국가 간에도 같은 문제가 반복되고 있습니다. 그래서 사람 사는 세상에 사람이 부재하고, 생명이 죽어가며, 평화가 길을 잃었습니다. 이런 세상을 향해, 아우성이나 시위가 아닌, 몸과 침묵으로 드리는 기도를 통해 그분들은 사람, 생명 그리고 평화의 길을 닦으려는 것 같습니다. 지나치게 나이브하고 무모한듯하나, 그분들의 느린 걸음이 무척 무겁고 무섭게 느껴졌습니다.

반면, 분명한 이유를 알 수 없으나 유명 연예인들이 계속 목숨을 끊고 있습니다. 그들의 연이은 죽음이 사회 전반에 암울한 기운을 확산시키며, 대단히 심각한 사회문제로 드러나고 있습니다. 스스로 목숨을 끊는 사람들에게 "왜 그렇게 쉽게 목숨을 끊느냐?"고 비난하는 것은 무의미합니다. 죽음이 결코 장난이 될 수 없기 때문이며, 그 죽음을 선택하기까지 그들이 겪었을 심적 고통을 무시할 수 없기 때문입니다. 그러나 '사람의 길, 생명의 길, 평화의 길'을 찾아 오체투지 순례의 길에 떠난 두 성직자의 모습은 '스스로 목숨을 끊고 세상을 버린 사람들' 앞에서 충격을 받고 슬퍼하는 우리에게 다른 메시지를 침묵 속에 전해 줍니다.

오체투지 순례에 참여했던 사람들이 한 말이 있습니다. "그렇게 천천히 걸어가니, 예전에 차를 타고 지나갈 땐 볼 수 없었던 세상이 보이더군요." "오체투지를 한 후, 저는 바닥에 기어가는 개미도 함부로 밟을 수 없게 되었어요." 결국, 그들은 달팽이의 속도로 달팽이처럼 기면서, 자신들보다 더 낮은 곳에서 더 느린 걸음으로 생명을 이어가는 작은 세상을 보았습니다. 죽음 앞에서 생명이 기운을 잃어가는 오늘, '사람, 생명, 그리고 평화'의 길을 찾기 위해서라면, 정말 오체투지라도 해야 하지 않을까 생각해 보았습니다. 부디 우리 안에 생명이 죽음을 이기는 부활의 은총이 충만하길 두 손 모아 기원합니다.

자연재앙과 신자의 지혜

비가 많이 내렸습니다. 영동선 94km 구간이 완전히 폐쇄되었고, 한 산간 마을이 흙더미에 묻혀, 여러 사람이 목숨을 잃었습니다. 얼마 전, 비가 오지 않아 걱정이라던 농부의 넋두리를 들었던 것 같은데, 이제는 비가 너무 많이 내려 농부들의 얼굴에 주름살이 더 깊이 팼습니다. 자연의 변덕일까요, 아니면 분노한 자연의 폭력일까요? 혹은 자신의 이기적 욕심을 통제하지 못하여 환경을 무책임하게 파괴한 인간의 자업자득일까요, 아니면 인간에게 한계와 지은 죄를 일깨우려는 하나님의 엄중한 질책일까요?

자연의 재해를 하나님의 심판으로 선포하는 종교인의 '예언자적 설교'는 무섭습니다. 동시에 너무 무책임해 보입니다. 흙더미에 깔려 생명과 재산을 상실한 사람들을 향해, 심판과 회개를 운운하는 것은 너무 가혹한 언어적 폭력입니다. 죄와 벌을 논하기 전, 참혹한 죽음과 죽음보다 더한 절망을 통과한 이들에게 우선 위로의 말과 구호의 손을 내미는 것이 현실적으로 더 적절하고, 도덕적으로 더 선한 행위로 보이기 때문입니다. 지금이 바로 사랑과 진실을 교훈하는 종교가 자신의 본질에 가장 충실해야 할 때로 보입니다.

그러나 최첨단 과학 장비와 치밀한 자료를 동원해도, 기상대가 더는 기상변화를 정확히 예측할 수 없게 되었다는 서글픈 현실 앞에서 우리는 정말 뼈저린 각성과 철저한 반성을 해야 합니다. 그동안 우리가 자연을 향해 무슨 범죄를 저질렀는지 우리 자신이 잘 알고 있습니다. 만물의 영장이라는 오만 속에 우리가 피조물은 물론, 창조주 하나님마저 무시하며 저돌적으로 바벨탑을 쌓아 올릴 때, 어쩌면 우리는 이미 이 순간을 예측했는지도 모릅니다. 그래서 이런 자연의 재앙 앞에서 우리는 당황하고 분노하면서도, 동시에 할 말이 별로 없습니다.

창세기에 의하면, 자연 재앙의 발생 원인은 인간의 죄악입니다. 하나님을 무시하고 사탄의 속임수에 귀 기울인 결과, 인간과 하나님의 관계, 인간과 인간의 관계, 그리고 인간과 자연의 관계가 일그러지고 뒤틀려 버렸습니다. 이유 없이 자연이 우리에게 저항하는 것이 아니라, 우리가 하나님의 명령을 무시하고, 사탄의 목소리를 더 청종 했기 때문에, 우리의 삶뿐만 아니라 자연마저 예측불능의 기형이 된 것입니다. 결국, 자연의 재앙 앞에서 우리는 자신의 오류를 반성하고, 자연에 지은 죄를 사과하며, 하나님을 향해 한 번 더 방향을 전환해야 합니다. 그것이 화禍를 복福으로 역전시키는 신자의 지혜일 것입니다. 겸손한 반성과 용기 있는 결단이 위기 극복의 열쇠입니다.

밀어닥치는 자연의 대재앙 앞에서

중국 쓰촨성에서 대지진이 일어나 수만 명이 목숨을 잃었습니다. 미얀마에서는 사이클론 때문에 나라 전체가 처참한 상황에 빠졌습니다. 우리나라에서 조류독감이 전국으로 확산하면서 죽음의 공포가 국민의 가슴을 엄습했습니다. 대운하 건설계획을 둘러싸고 정부와 환경단체 간의 공방이 거칠게 진행되고 있으며, 광우병에 대한 공포 속에 미국 쇠고기 수입을 반대하는 촛불시위가 전국에서 진행되고 있습니다. 자연의 질서가 파괴되면서 인류의 생명 또한 허망하게 멸절되는 참혹한 비극이 국내외에서 벌어지는 것입니다. 정말, 재앙이 벌어지고 있습니다. 비극입니다.

중국 정부는 대지진이 본토에서 일어나기 얼마 전 자신들이 강제적으로 점령한 티베트에서 독립의 염원을 담은 민중들의 시위를 강제적으로 진압했습니다. 미얀마에서도 민주화를 열망하는 백성의 요구를 군대의 총칼로 눌러버렸고, 그들에게 닥친 재난을 돕겠다고 내민 전 세계 구호단체들의 거룩한 손길을 매몰차게 거절했습니다. 우리 정부는 전국에서 조용히 타오르는 촛불의 의미를 외면한 채, 구차한 변명과 무책임한 행정을 고집하고 있습니다. 이 모든 정황은 자연의 재난 앞에 허무하게 쓰러진 국민을 향해 국가권력이 무자비하게 휘두르는 두 번째의 폭력입니다. 그야말로 죄 많은 인간 때문에 벌어지는 인재人災입니다. 그래서 더 큰 슬픔입니다.

누군가는 말합니다. 저 공산주의와 군부독재의 땅에 떨어진 참혹한 자연의 재해를 "무신론자와 악인에게 내린 천벌"이라고. 다른 이들은 말합니다. 어머니 자연을 향해 무지한 인간이 저지른 패악이 부메랑이 되어 돌아온 "자업자득"이라고. 둘 다 맞을 수 있습니다. 그러나 둘 다 지금 우리에게 절실히 필요한 훈계와 교훈은 아닌 듯합니다. 다만, 살아남은 자들이 살아남은 책임을 겸허히 수행해야겠지요. 생명의 소중함과 허망함을 함께 마음에 새기면서 말입니다. 이 시대의 비극에 통곡하시는 하나님의 마음을 함께 읽으면서 말입니다. 그리고 우리의 아이들에게 어른들의 죄악을 다시는 무책임하게 대물림하지 않겠다고 이를 악물면서 말입니다. 요즘처럼 '어른 됨'이 부끄러운 적이 없습니다. 수치입니다.

이렇게 한 해가 저물어 갑니다

올해는 황금돼지 신드롬과 함께 시작했었지요. 장사꾼들의 상술임을 잘 알면서도, 집집이 황금빛으로 색칠된 돼지저금통을 하나씩 샀습니다. 그 결과 정초에는 거리마다 온통 돼지들이 넘쳐났었지요. 마치 고사 상에 올려진 돼지머리에 지폐를 찔러 넣고 절을 하는 사람들의 소박한 미신처럼, 모두 황금빛 돼지저금통의 통통한 몸통과 황금빛처럼 올해만큼은 좀 더 넉넉하고 빛이 나길 소망했지요.

여름에는 온 국민이 아프가니스탄에서 납치된 분당샘물교회 청년들로 말미암아 걱정과 분노 속에 더위를 잊었었습니다. 사회적으로 기독교에 대한 적대감이 고조되었고, 교회적으로도 해외선교에 대한 진지한 반성과 논쟁이 격렬하게 달아올랐습니다. 평양 대부흥 100주년을 맞이하며, 교회의 영적 대부흥을 다시 한 번 꿈꾸었던 한국교회는 오히려 선교 100년 만에 가장 가혹한 비난과 반감에 시달리며, 고통스러운 한 해를 보내야 했습니다.

12월을 맞이하여 우리는 두 가지 큰 사건을 또다시 겪었습니다. 하나는 새 대통령이 선출된 것이고, 다른 하나는 서해안에 초유의 기름유출사건이 터진 것입니다. 그런데 거의 동시에 발생한 이 두 사건 사이에는 묘한 대조가 있습니다. 대통령 선거를 치르면서 국론은 분열되었고, 투표장엔 사람들의 발걸음이 뚝 끊어졌습니다. 역대 최저의 투표율을 기록했습니다. 그런데 서해안에 기름이 유출되자, 분열되었던 민심이 하나로 모였습니다. 매일 수만 명의 사람이 생업을 뒤로 한 채 사고현장으로 달려갔습니다. 공격과 폭로로 떠들던 입들은 닫히고, 꽁꽁 언 손으로 기름때를 제거하며, 분노와 절망이 감동과 희망으로 바뀌고 있습니다. 이렇게 한 해가 저물어 갑니다.

돌이켜 보니 올해도 별일이 다 있었군요. 가슴이 철렁한 적도 한두 번이 아닙니다. 입도 많이 더러워졌고, 주머니도 무척 가벼워졌습니다. 그러나 가만히 들여다보니 그 속에서도 생명, 감동 그리고 감사가 있었음을 뒤늦게 깨닫습니다. 기대만큼 삶이 통통해지지도, 윤기가 나지도 않았지만, 삶에 대한 소박한 기대를 저버리지 않았고, 폭력과 불의에 대한 뜨거운 울분도 살아 있었고, 남의 아픔에 대한 눈물과 기도, 봉사가 죽지 않았기 때문입니다. 그 때문일까요? 저는 은근히 내년이 기다려집니다. 대신, 내년에는 황금빛 돼지저금통보다 붉은 십자가에 저의 운명을 집중해 보렵니다.

성탄절에 듣는 평화의 노래

태안반도에 난리가 났습니다. 기름을 가득 실은 배에 구멍이 뚫려 청정해역이 사해가 되었습니다. 그 바다에 기대어 살아가던 사람들의 가슴도 시커멓게 죽었습니다. 그곳에 자원봉사를 다녀온 분들은 일을 이 지경으로 만든 놈들을 절대로 용서할 수 없다며 분통을 터뜨립니다. 얼마 전 이 사건의 수사결과가 발표되어, 이 재난이 얼마든지 미리 막을 수 있었던 인재였음이 드러나며, 사람들의 울분은 분노를 넘어 거의 절망에 이르렀습니다. 이 죽일 놈들!!!

지난 수요일, 말도 많고 탈도 많았던 대선이 끝났습니다. 경제부활을 장담한 모 후보가 예상대로 제17대 대통령에 당선되었습니다. 과반수에 가까운 국민의 절대적 지지 속에 마침내 대권을 장악한 것입니다. 그러나 역대 어느 후보보다 많은 비리의혹에 휩싸인 그를 대통령으로 맞이하는 국민의 마음은 편치 않습니다. 그가 교회 장로라는 사실이 우리의 입맛을 더욱 쓰게 합니다. 또 그를 기다리는 국회 특감, 또 그의 약점을 끝까지 물고 늘어질 정적들로 말미암아 장차 그의 앞길이 평탄치 않을 것임은 자명합니다. 지겨운 한국 정치판!!!

이렇게 온갖 이유로 시끄럽고 화가 잔뜩 난 세상에 성탄절이 다가오고 있습니다. 예수님의 탄생을 예고하는 화려한 크리스마스트리, 눈부신 꼬마전구들의 장식, 거리마다 들려오는 흥겨운 캐럴, 상점마다 매혹적 포장 속에 산처럼 쌓여 있는 선물꾸러미, 우체부의 어깨에 한가득 실려오는 멋진 연하장과 카드들, 그리고 도심 한복판에서 들려오는 구세군

자선냄비의 거룩한 종소리. 이 모든 움직임은 우리에게 성탄절이 성큼 다가왔음을 알려주는 기분 좋은 전령들입니다.

사실, 크리스마스트리의 눈부신 초록 앞에 가슴에 분노를 품고서는 것은 참 어색합니다. 밤하늘을 장식한 꼬마전구들의 향연과 오만이나 증오의 감정은 어울리지 않습니다. 흥겨운 캐럴과 풍성한 선물상자 앞에서 경쟁이나 긴장이란 단어는 문맥에 맞지 않습니다. 연하장과 자선냄비를 기억하는 이들에게 원한의 앙금과 질투의 칼날은 말이 되지 않습니다. 그러므로 아직 해결하지 못한 감정과 정리되지 않은 분노가 남아 있더라도, 이번 성탄절 하루만큼은 잠시 그 감정과 분노를 내려놓을 수 있으면 좋겠습니다. 원한과 분노의 욕설 대신 평화의 노래를 들을 수 있으면 좋겠습니다. 이 땅에 평화를 선포했던 천사들이 쑥스럽지 않게 말입니다. 즐거운 성탄절입니다.

주님, 우리 아이들을 지키소서!

지난 한 주 동안 엄청난 일들이 많았습니다. 노무현 전 대통령이 검찰에 소환되어 검사를 받았습니다. 과거 부패정권의 지도자들이 퇴임 후 법의 심판을 받았던 기억을 재생시킨 가슴 아픈 장면이었습니다. 한국에서 민주주의가 실현되는 것은 "쓰레기통에 장미꽃이 피는 것과 같다"는 세계적 조롱거리를 또한번 제공해 주고 말았습니다. 돈을 받았느냐의 여부보다, 정치권의 구습이 끈질기게 반복되는 현실이 더욱 속상하고, 그 현실을 무기력하게 바라보아야 하는 국민의 처지가 서러울 뿐입니다.

멕시코에서 시작된 신종 바이러스로 전 세계가 '완전 경악 상태'에 빠졌습니다. 이미 100여 명이 목숨을 잃었고, 우리나라에서도 환자가 발생했습니다. 멕시코로 여행하는 것은 저승길이 되었고, 돼지고기 관련 사업장은 초상집이 되었습니다. 마트에 장을 보러 갔더니, 돼지고기를 60퍼센트 에누리해서 팔더군요. 어떤 이들은 바이러스에 직접 감염되어 생사를 헤매고, 어떤 이들은 '돼지를 파는 죄(?)' 때문에 정말 죽을 지경이 되었습니다. 끝없이 출현하는 신종 바이러스와 불치병으로, 첨단과학 시대에 우리는 흑사병이 난무하던 중세처럼 여전히 묵시적 삶을 살고 있습니다.

그 와중에 아이들의 운동회가 있었습니다. 참으로 오랜만에 아이들이 힘껏 달리는 모습을 보았습니다. 병아리 같은 목소리로 "우리 편 이겨라!"를 연호하며 응원하는 소리도 들었습니다. 자기 팀이 경주에서 이겼을 때, 서로 얼싸안고 기뻐하는 모습, 가족들이 그늘에 옹기종기 모여 앉아 맛있게 점심 먹는 모습도 정겹고 행복해 보였습니다. 봄 하늘에 펄럭이는 만국기는 아련한 추억을 희미하게 되살려주었습니다. 그날 운동장에는 생명과 미래가 있었습니다. 열정과 땀, 사랑과 행복이 가득했습니다. 우리가 살아가는 이유, 우리가 지켜야 할 가치가 그곳에 모여 있었습니다.

예수님은 아이들을 사랑했습니다. 아이들이 곁에 오는 것을 막지 않았습니다. 어린아이와 같이 되지 않으면 천국에 들어갈 수 없다고까지 말했습니다. 어린아이가 사심 없이 드린 오병이어로 수많은 어른의 허기를 해결했습니다. 부끄러운 어른들이 세상을 혼탁하고 어지럽게 만들 때, 주님은 십자가를 통해 아이들에게 '길과 진리와 생명'이 되었습니다. 무서운 죽음의 병균이 세상을 뒤덮을 때, 주님은 아이들의 몸에서 귀신을 내쫓고, 죽음의 손에서 저들을 구원하며, 눈물로 축복하셨습니다. 그래서 어른들의 추태와 질병의 공포가 만연한 이 5월에, 우리는 주님께 아이들을 맡길 수밖에 없습니다. "주님, 우리 아이들을 지키소서!"

대통령의 죽음

한 주 동안 전국이 노란색 물결로 가득했습니다. 그렇게 떠난 대통령을 추모하며 흘린 눈물이 참 아팠습니다. 그를 보내고 뒤에 남은 사람들의 가슴엔 허망한 구멍이 뚫렸습니다. 그래서 울고, 노란 종이 비행기를 날려보고, 영정 앞에 고개를 숙였습니다. 무엇이 어떻게 잘못된 것인지, 누구에게 욕을 퍼부어야 할지, 정녕 그 방법밖에 없었던 것인지, 이렇게 끝나야 하는지, 죽음으로 모든 것이 해결되는 것인지, 우리는 계속 이 모양으로 살아야 하는지, 고통스러운 질문만이 무성해집니다.

또 사람이 스스로 목숨을 끊었습니다. 유명 연예인들이 연쇄적으로 목숨을 끊어 세상이 경악했던 것이 얼마 전입니다. 매주 여관에서 자살동우회 회원들이 집단으로 죽음을 실험하고 있습니다. 그런데 이번에는 전직 대통령입니다. 계급, 지역, 이념의 차이를 극복하며, 모두가 살 만한 세상을 만들겠다고 몸부림치던 그가 자신의 도덕적 자존심을 허물 어뜨리고, 가족의 목을 조여오는 권력의 압력 앞에서, 절벽 아래로 몸을 던지고 말았습니다. 독재정권 앞에서도 당당했고, 수많은 정치적 패배 앞에서도 기죽지 않았던 그가, 가족을 위해 죽음을 선택했습니다.

노무현마저 견딜 수 없는 세상이었다면, 노무현마저 제거해 버리는 세상이라면, 정말 이 세상은 살 수 없는 곳입니다. 성 상납 받은 신문사 사장은 건드리지도 못하면서, 전직 대통령은 이처럼 간단하게 처리하는 세상. 누구는 수천억 원의 뇌물을 받고도 꿋꿋하게 살아가지만, 누구는 그렇게 허망한 종말을 맞을 수밖에 없는 세상. 군부독재자도, 부패정치인도, 비열한 기업가도 그렇게 악착같이 살아가는데, 정작 민주, 평등, 화합, 상생, 평화 그리고 통일을 위해 몸부림쳤던 사람은 이렇게 멸망하는 세상. 정말, 욕 나오는 세상입니다.

그를 보내는 날, 로마서 12장 12절을 읽었습니다. "소망 중에 즐거워하며 환난 중에 참으며 기도에 항상 힘쓰며." 사람들의 눈물 위로 흔들리는 사진 속에서 밀짚모자를 쓴 그는 웃고 있었습니다. 우는 우리에게 그만 울고 이젠 웃으라고 말하는 것 같았습니다. 사람들의 통곡 너머로, "상록수"를 부르는 그의 엉성한 목소리가 들립니다. 어떤 상황에서도 솔잎처럼 시들지 말라고 격려하는 것 같았습니다. 사람들의 몸부림을 뒤로 하고 그는 한 줌의 재가 되었습니다. 이 땅의 허망한 욕심에 휘둘리지 말라고, 끝이 멀지 않다고 훈계하는 것 같습니다. 그를 보내며, '소망, 인내, 기도'의 교훈을 얻었습니다.

누가? 누가? 누가?

　　　　　　　　국회에서 방송법이 통과되는 과정을 지켜볼 때, 정말 기가 막혀 숨도 쉬기 어려웠습니다. 재벌이 공중파 방송을 장악함으로써, 여론의 향방이 특정 색깔로 도배되는 것 자체가 기막힌 현실입니다. 그러나 더 황당한 것은 그처럼 사회에 엄청난 파문을 몰고 올 중대 법안이 또다시 여당에 의해 '단상점거', '직권상정', '단독처리', '부정투표' 등의 가장 비민주적 방식으로 처리된 것입니다. 나이트 경영권을 차지하려고 각목과 쇠파이프를 휘두르는 조폭의 패싸움과 무엇이 다릅니까? 그 자리에는 국민도, 교양과 지성도 그리고 민주주의도 없었습니다.

　　이 글을 읽으면서 많은 생각이 머리를 스칠 수 있습니다. "방송법이 교회와 무슨 상관인가?", "왜 목사가 이런 글을 쓰는가?", "하나님이 세운 장로 대통령의 결정인데, 교회가 끝까지 믿고 밀어주어야 하지 않겠는가?", "진보언론, 좌파언론을 제거하고, 보수적인 언론이 더 큰 힘을 얻어야 하지 않을까?", "교회는 정치에 대한 관심을 끊고, 복음전도와 교회성장에 전력해야 하지 않을까?", "세상은 원래 타락한 죄인들의 집합체이니, 세상에서 무슨 일이 벌어지든 우리와 상관이 없지 않을까?" 곤혹스런 질문입니다. 하고 싶지 않은 생각입니다.

　　그러나 그렇게 단순한 문제가 아닙니다. 일본강점기에 교회는 일본정부에 의해 무자비한 탄압을 받았습니다. 신사참배를 강요했고, 교회는 강제해산을 당했습니다. 6·25전쟁 중에는 교회가 파괴되고, 신자들끼리 학살을 자행했습니다. 독재 시절에는 독재자를 축복하고, 충성을 맹세했습니다. 예수의 가르침에 정면으로 배치되더라도 말입니다. 이렇듯 교회는 나라가 망하면 치욕을 당하고, 전쟁이 터지면 파괴되고, 독재자가 군림하면 빛을 잃었습니다. 나라와 교회, 정치와 신앙이 분리될 수 없는 공동운명체라는 역사적 증거들입니다.

히브리 민족을 억압했던 애굽의 바로와 싸웠던 모세, 백성의 재산을 강탈한 아합 왕에게 도전했던 엘리야, 색욕에 눈이 멀어 충신마저 죽인 다윗을 준엄하게 질책했던 나단, "공의가 물같이, 정의를 하수같이 흐르게 하라"는 하나님의 추상같은 예언을 선포한 아모스, 형수와 부정을 저지른 헤롯 임금을 강력히 비판했던 세례 요한, 이 모든 죄를 홀로 지고 십자가에 달린 예수 그리스도. 누가 이 민족을 위해 기도할까요? 이제, 누가 이 나라를 위해 눈물 흘릴까요? 누가 이 시대를 위해 일어나 예언자의 사명을 담당할까요? 누가 이 세대를 위해 십자가를 질까요? 누가? 누가? 누가?

통通이냐 망亡이냐, 그것이 문제로다

초대교회의 탄생은 오순절 성령강림 사건을 통해 비롯되었습니다. 예수님의 승천 후, 땅에 남은 제자들이 예수님께서 약속하신 성령을 기다리며 기도했고, 이에 대한 응답으로 성령이 '불의 혀'처럼 그들 위에 임했습니다. 그런데 이때 놀라운 현상이 벌어졌습니다. 성령을 체험한 사람들이 방언으로 기도하기 시작했고, 마침 예루살렘을 방문했던 디아스포라 유대인들, 즉 타국에 흩어져 살던 유대인들이 제자들의 기도를 자신들의 언어로 이해했습니다. 이어서 베드로가 일어나 그들을 향해, "유대인들이 처형한 예수가 바로 그들이 기다리던 메시아다"라고 추상같은 설교를 했습니다. 그의 말을 듣고 3천 명이 회개했다는 이야기는 모두가 아는 사실입니다.

얼마 전, 한 저명한 목사님과 대화를 나눌 기회가 있었습니다. 그는 제게 성령세례는 "전할 메시지를 갖는 것"이라고 말했습니다. 성령세례를 방언이나 성결 등으로 이해해 온 제게 그의 말씀은 낯설었습니다. 하지만, 그의 말씀은 지극히 성경적이었습니다. 신학자 중 어떤 이는 방언이 단지 이해할 수 없는 신비한 언어가 아니라, 초대교회 민중들의 한 맺힌 소리가 성령의 도움으로 폭발한 것이라고 주장했습니다. 동시에 바벨탑 사건 이후, 인간의 분열된 언어들이 성령에 의해 극복되어, 비로소 의사소통이 제대로 이루어진 것이라고 역설한 사람도 있습니다. 사람 간에 말문이 트이고 뜻이 통하는 기적이라고 말입니다.

베드로의 설교도 같은 관점에서 이해할 수 있습니다. 베드로는 오랫동안 주님을 모시면서, 주님을 '생명의 말씀'으로, '그리스도시요 살아계신 하나님의 아들'로 고백한 적이 있습니다. 하지만, 후에 주님을 배반함으로써, 자기모순을 드러내고 말았습니다. 그런데 성령을 체험한 이후, 그는 주변에 몰려든 사람들을 향해 예수를 메시아로 당당히 선포했습니다. 메시지가 너무 강렬하고 거룩해서, 누구도 그의 말에 토를 달거나 저항하지 못했습니다. 드디어 베드로는 성령을 통해 예수를 명확히 알게 되고, 세상을 향해 선포할 힘과 용기를 얻었습니다.

    요즘 사방에서 '의사소통의 부재'에 대한 탄식소리가 들려옵니다. 정부와 국민, 고용자와 노동자, 부모와 자식, 아내와 남편, 세대와 세대, 심지어 교회와 세상 사이에 의사소통의 단절이 마치 만성질환처럼 존재하고 있습니다. 결국, 의사소통의 부재는 '하고 싶은 말, 해야 할 말'의 부재, 궁극적으로는 관계의 단절 때문이며, 이런 아픔을 가져오는 원인이기도 합니다. 이 시대에 우리에게 성령이 필요한 이유 중 하나도 바로 이 때문이지 않을까요? 하늘과 통하고, 사람과 통하려고 말입니다. 기억합시다. 성령이 임할 때 세상이 통하고, 성령이 떠날 때 세상이 망합니다. 성령은 소통의 영입니다.

선한 사마리아인

    영웅이 세상을 떠났습니다. 이 땅의 민주화를 위해 일생을 바쳤던 김대중 대통령께서 향년 85세로 서거하셨습니다. 군인들이 세상을 지배하던 시절, 그는 독재자들에게 당당히 대항했습니다. 그 대가로 태평양에서 '수장'될 뻔했고 사형선고를 받기도 했습니다. 그의 몸은 고문으로 만신창이가 되고, 가족들도 극한의 힘겨운 세월을 보냈습니다. 하지만, 그는 자신의 꿈과 신념을 포기한 적이 없습니다. 민주와 통일을 위해 일생을 청년의 열정으로 살았습니다.

그렇게 질풍노도의 삶을 살았던 그가 이제 우리 곁을 떠났습니다.
어제 그의 일기가 「인생은 아름답고 역사는 발전한다」란 제목하에 공개되었습니다. 2009년 1월 15일에 쓴 일기에는 다음과 같은 내용이 담겨 있습니다.

"긴 인생이었다. 나는 일생을 예수님의 눌린 자들을 위해, 헌신하라는 교훈을 받들고 살아왔다. 납치, 사형 선고, 투옥, 감시, 도청 등 수 없는 박해 속에서도 역사와 국민을 믿고 살아왔다. 앞으로도 생이 있는 한 길을 갈 것이다."

개인적으로 그의 삶은 거칠고 모질었습니다. 그의 수고에 비해 세상은 별로 바뀌지 않았습니다. 하지만, 그에게 인생은 여전히 아름답고, 역사는 희망으로 가득했습니다. "무엇이 그에게 그런 희망과 만족의 삶을 살게 했을까?" 궁금했습니다. 그런데 그의 일기를 읽어보니, 예수님에 대한 믿음이 보였습니다. 그가 천주교 신자란 사실은 익히 알고 있었습니다. 하지만, 대다수의 기독교 정치인들에게 겪은 위선 때문에, '정치인 김대중' 속에서 '신앙인 김대중'을 떠올리기는 쉽지 않았습니다. 그런데 이제 보니 그는 '예수쟁이'였습니다. 믿음과 정치가 일치된 인간 김대중.

정치인으로서 김대중은 훌륭했습니다. 노벨 평화상을 받고, 그의 장례가 국장으로 치러진다는 사실 등은 위대한 정치가로서 김대중에 대한 시대의 평가입니다. 인간으로서 김대중도 멋졌습니다. 가족을 깊이 사랑하고, 특히 아내를 존경했습니다. 노무현 대통령의 죽음 앞에 통곡하던 모습이 그의 선한 인간성을 대변합니다. 이제 그는 신앙인으로서도 모범이 됩니다. 예수의 마음으로 눌린 자들을 섬기고, 예수에 대한 믿음으로 역사를 바라보며, 예수를 의지하며 생명과 삶을 사랑했던 '신자' 김대중. 그는 이 시대의 '선한 사마리아인'이었습니다. 삼가 고인의 명복을 빕니다.

실패는 성공의 발판입니다

나로호 발사가 끝났습니다. 이번 발사를 위해 오랫동안 많은 사람이 수고했습니다. 막대한 예산이 투입되었습니다. 온 국민이 한마음으로 성공을 기원했습니다. 수차례에 걸쳐 발사가 연기되면서, 관련자들은 초긴장 상태에 빠졌고, 주변 사람들도 애간장이 녹았습니다. 드디어 지난 25일, 나로호는 손에 땀을 쥐는 카운트다운 속에 거대한 엔진 소리, 장엄한 불꽃을 내뿜으며 힘차게 하늘로 치솟았습니다. 이 광경을 지켜보던 모든 이들이 탄성을 지르고 손뼉을 쳤습니다. 지극한 감격 속에 옆 사람들끼리 얼싸안기도 했습니다. 그런데….

실패의 책임 소재를 놓고 한국과 러시아 간에 갈등이 고조되고 있습니다. 물론, 당사자들과 국민 모두의 실망이 컸습니다. 인공위성도 잃어버렸고, 엄청난 국가 예산도 공중분해 되었습니다. 그러나 이번 실패의 책임을 서로에게 떠넘기고, 낙담하고 고민하는 것은 절대 바람직하지 않습니다. 물론, 속 시원하게 성공했다면 참 좋았겠으나, 그렇지 않다고 싸우고 성질을 부릴 상황은 아닌 것 같습니다. 현재 우리에게 필요한 것은 이 실패를 더 위대한 성공의 발판으로 승화시키는 슬기와 능력입니다. 진정한 전화위복의 기회를 포착해야 합니다.

사실, 인생은 실패를 통해 완성되는 예술작품입니다. 우리 삶을 진지하게 성찰해 보면, 우리를 더 나은 존재로 성장시킨 거름이 바로 '실패'였음을 알게 됩니다. 시험에 떨어졌던 경험 때문에, 교만의 덫을 피할 수 있었습니다. 연애에 실패했던 아픔 때문에, 철없는 사춘기를 극복할 수 있었습니다. 유혹 앞에 무너졌던 경험 덕택에, 더욱 성숙한 인간이 될 수 있었습니다. 신앙이 처참하게 허물어졌기 때문에, 하나님 앞에 더욱 간절히 엎드릴 수 있었습니다. 비록 우리가 기대한 방향과 속도의 삶은 아니었지만, 오히려 실패와 고통이 우리를 더 나은 존재로 변모시켰던 것입니다.

성경은 이 사실을 강력하게 증거 합니다. 믿음의 조상 아브라함은 자신의 목숨을 위해 아내를 애굽 왕의 침실에 밀어 넣었습니다. 이스라엘의 위대한 군주 다윗은 여인을 얻으려고 충신을 전쟁터에서 죽였습니다. 예수님의 수제자 베드로는 예수님을 세 번이나 부인했습니다. 위대한 선교사 바울은 초대교회를 핍박하던 죄인이었습니다. 죽음보다 수치스런 실패입니다. 그러나 그 실패는 그들을 죽이지 않았습니다. 오히려 그들을 신앙의 거인들로 성장시켰습니다. 성도 여러분, 실패를 두려워하거나 절망하지 마세요. 대신, 실패를 성공의 발판으로 삼으세요. 반드시 나로호는 우주를 나를 것입니다. 이제, 여러분의 차례입니다.

애들아, 미안해

　　　　　　　　　　　매일 아이들과의 전쟁입니다. 좀 더 놀기 원하는 아이들과 그 아이들에게 좀 더 공부시키려는 아내 사이에 '톰과 제리'의 쫓고 쫓기는 게임이 매일 되풀이 됩니다. 방에서 공부하고 있던 녀석들은 어느 틈엔가 TV 앞에서 넋을 잃고, 공부 좀 하는가 싶으면 채 5분도 안 되어 냉장고 문을 열고 있습니다. 무지막지하게 떠들던 녀석들이 잠잠하다 싶으면, 어느새가 천사 같은 표정으로 잠에 곯아 떨어졌습니다. 이런 녀석들을 지켜보는 아내는 복장이 터집니다. 잘 해줘야지, 소리치지 말아야지 하루에도 수십 번씩 다짐하건만, 어느새 아내의 금속성 소프라노는 하늘을 찌릅니다. "야! 뭐 하는 거야! 공부는 언제 할 거야! 이놈들!!!"

　　물론, 아이들도 이해가 됩니다. 온종일 학교에서 공부하고 집에 돌아오면, 다시 학원가방을 메고 집을 나섭니다. 해가 진 후에 피곤과 허기 속에 집으로 돌아오면, 다시 산더미 같은 숙제들이 그들을 기다립니다. 결국, 늦은 밤까지 아이들은 공부의 덫에서 벗어나지 못합니다. 마침내 밀려오는 졸음을 견디지 못한 아이들은 무거운 걸음으로 잠자리에 듭니다. 무정한 해는 다시 어김없이 떠오르고, 일어나라는 엄마의 목소리는 사랑의 세레나데가 아니라, 무서운 군대의 기상나팔소리 같습니다. 피곤함에 눌린 아이들은 다시 힘겨운 하루를 시작합니다. 언제 끝날지 모르는 아이들의 고달픈 인생입니다.

　　아직 철들지 않은 아이들이 태산 같은 공부를 즐기길 기대하는 것은 부모들의 무모한 꿈입니다. 더욱이 우리 아이들은 천재도 아니요, 학자도 아닙니다. 좀 더 놀고 싶고, 좀 더 웃고 싶고, 좀 더 사랑받고 싶은 철없는 꼬마들일 뿐입니다. 그런데 우리 어른들은 그런 아이들을 공부하는 기계로 만들고 있습니다. 우리 어른들은 이 세상을 어린이들을 위한 '꿈돌이 동산'이 아닌, '무서운 정글'로 만들고 있습니다. 그래서 우리 어른들은 아이들에게 '사랑스럽고 존경스런 부모'가 아니라, '무섭고 잔인한 조련사'가 되고 있습니다. 이런 세상은 아이들도 원치 않고, 어른들도 바라지 않습니다. 하지만, 우리는 그렇게 살고 있습니다. 곁에서 뛰노는 아이들을 바라보며 한없이 기뻐하셨던 예수님을 뵐 낯이 없는 오늘입니다. 애들아, 미안해!

고통 속에 임하는 은혜

중남미에 있는 아이티공화국에서 진도 7.2의 강진이 발생하여 수십만 명이 사망하는 세계적 참극이 발생했습니다. 대략 20만 명 정도가 목숨을 잃은 것으로 추정하고 있으나, 어떤 이들은 50만 명 이상이 희생되었을 것이라고 예상합니다. 아무튼, 대통령궁을 비롯한 수도 포르토프랭스의 건물 대부분이 허물어졌습니다. 아직도 헤아릴 수 없이 많은 사람이 실종되었고, 붕괴한 건물 밑에 깔려 구조의 손길을 애타게 기다리고 있습니다. 다행히 구조되었어도,

병원에 의약품과 의료진이 턱없이 부족하여, 안타까운 목숨이 허망하게 꺼져가고 있습니다. 그뿐만 아니라 이 나라는 제대로 된 도로나 운송 및 통신시설이 부족하여, 구조활동이 어려움을 겪고 있습니다. 게다가 이 나라는 독재와 부정이 만연하여, 세계 각지에서 답지하는 구호물자들이 제대로 분배될지도 모르는 상황입니다. 얼마 전 허리케인으로 대규모 홍수를 겪었는데, 이번에 지진까지 겹쳐지면서, 설상가상, 사면초가의 비극적 처지에 놓이고 말았습니다. 정말, 말이 안 나오고, 대답이 없는 기막힌 현실입니다.

금요기도회 시간에 아이티를 위해 함께 기도했습니다. 저의 기도는 통곡으로 변했습니다. 갑자기 여러 생각이 스치면서 감정이 복받쳐 올랐던 것입니다. 아이티 사람들이 불쌍해서 울었습니다. 가난, 독재, 자연재해로 만신창이가 된 그들의 삶, 이미 이 땅에서 지옥을 살아가는 그들이 너무 서럽고 억울해서 저도 모르게 울고 말았습니다. 인간에 대한 환멸 때문에 화가 나서 울었습니다. 그동안 아이티를 지배했던 군부독재자들이 미워서 울었습니다. 군부세력은 군대를 동원해 인권을 짓밟고, 비리와 부정으로 국가를 파괴했습니다. 미국은 그런 비리정권을 지원하고, 인권탄압을 묵인했습니다. 권력에 눈이 멀어 사람 목숨을 파리목숨 같이 장난치는 인간들이 혐오스러워 울었습니다. 또한, 저 자신의 돌 같은 마음에 실망해서 울었습니다. 아이티 소식을 인터넷을 통해 알고도 저는 관심을 두지 못했습니다. 그저 또 한 번의 지진이 났다고, 먼 나라에서 벌어진 남의 일이라고 생각했습니다. 저는 왜 이렇게 이기적일까요? 그토록 떠들어댄 믿음과 사랑은 어디 간 것일까요? 말뿐이고 허울뿐인 저의 신앙과 신학이 혐오스러워 울었습니다.

하지만, 눈물의 기도는 신비했습니다. 저의 무심함을 회개하고, 마음을 가다듬을 수 있었기 때문입니다. 아이티에 대한 관심을 일신하고, 할 일을 찾기 시작했기 때문입니다. 다시 한번 목회자의 사명을 되새기고, 신학자의 책임을 절감했기 때문입니다. 우리 교회가 가야 할 길과 감당해야 할 사명도 분명히 밝힐 수 있었기 때문입니다. 세상은 여전히 험하고 고통스럽습니다. 하지만, 눈물로 함께 기도할 때, 견디고 싸울 힘을 얻습니다. 그렇게 고통 속에 은혜가 임합니다. 정녕, 신비입니다.

천안함 침몰과 부활절

지난 한 주간 동안 우리는 천안함 침몰 사건으로 가슴 아픈 시간을 보냈습니다. 아직까지 침몰 원인도 밝혀지지 않았으며, 40명이 넘은 군인들의 생사여부조차 알지 못합니다. 더욱이 실종자 수색 도중 군인이 사망했고, 수색을 돕던 민간인 어선마저 침몰하여 또 다른 희생자들이 발생했습니다. 실종자 가족들은 이 순간에도 피 말리는 고통 속에 신음하고 있으며, 수색작업에 투입된 수많은 사람들이 말할 수 없는 고생을 하고 있습니다. 군부와 정치권은 자신들에게 불똥이 튀지 않을까 전전긍긍하고, 백성들은 안타까움과 불안감 속에 시시각각 방송에 귀를 기울입니다.

우연의 일치일까요? 이번 주가 '고난주간' 이었습니다. 종려주일을 기점으로 부활절 전날까지 이어지는 거룩한 일주일입니다. 인류의 구원을 위해, 예수께서 인류의 죄값을 대신 치르시는, 지극히 거룩하고 고통스런 기간이지요. 이 기간의 의미를 몸으로 체험하고 동참하기 위해, 교회마다 새벽예배를 드리고, 금식을 하고, 마음과 몸을 정결하게 지킵니다. 이 특별한 기간 중, 이처럼 고통스런 사건이 발생했습니다. 이 사건으로 인해, 그야말로 전국민이 뜻하지 않은 '고난주간' 을 보내게 되었습니다. 뉴스 보도 하나 하나에 희비가 교차되고, 탄식과 눈물이 이어졌습니다. 도무지 정상생활을 할 수 없을 정도로 말입니다.

그렇다면 이 고통이 우리에게 무슨 의미가 있을까요? 전국민이 희생자 및 그 가족들과 마음으로 고통을 나눈 이 경험이 우리에게 무슨 교훈이 될까요? 저는 고난주간의 진정한 의미가 그리스도의 고난과 우리 자신을 일치시키는 것에 있다고 생각합니다. 그리스도의 희생과 죽음 그 자체가 무궁한 신학적 의미를 지니지만, 그의 죽음과 고통을 우리의 것으로 내재화 시키는 경험 또한 교회가 이 절기를 지키는 또 하나의 진정한 이유라고 생각하기 때문입니다. 그런데 만약 고난주간을 통해, 그리스도의 죽음뿐만 아니라, 우리 이웃의 고통마저 함께 나눌 수 있다면, 그 의미가 배가 되지 않을까요?

물론, 우리의 아들들이 그토록 참혹한 죽음을 당하고, 그 가족들이 극한의 고통을 경험하는 것은 말할 수 없는 비극입니다. 그러나 그 동안 철저히 남남으로, 모르는 사이로 지내온 우리가 이웃의 아픔에 공감하며 정신적으로 하나가 될 수 있다면, 교회가 고난주간과 부활절을 역사 속에 기념하는 여러 목적 중 하나가 실현되는 것이 아닐까요? 이 땅의 첫 번째 부활절에는 하늘과 땅, 인간과 인간 사이의 분열이 극복되고, 죽음이 생명으로 역전되었습니다. 부디 이번 2010번째 부활절에는 천안함의 비극이 사회적 통합과 민족의 성숙으로 역전될 수 있다면 정말 좋겠습니다. 무관심과 미움 속에 죽었던 이웃사랑이 사랑과 용서로 부활한다면 정말 좋겠습니다. 그렇게 되길 기도합니다.

법정 스님의 죽음을 보며

불교계의 큰 별이 떨어졌습니다. 한국사회에 '무소유'의 가르침을 남기고 법정 스님이 세상을 떠난 것입니다. 비록 다른 종교를 신봉하는 사람이었지만, 저는 인간적으로 그분을 참 좋아했습니다. 그분이 쓰신 여러 권의 책도 읽었고, 그분이 살아온 삶의 자취도 존경의 마음으로 기억하고 있습니다. 이제 그의 마지막 가는 길을 지켜보며, 그분다운 마무리라고 생각했습니다. 얼마 전 그분이 쓴 『아름다운 마무리』란 책을 읽으며, 그분이 자신의 삶을 정리하고 있다는 느낌을 받았는데, 정말 이렇게 홀연히 생을 마무리하셨네요.

제가 종교적 차이에도 법정에 관심과 존경을 보낸 것은 이유가 있습니다. 먼저, 그가 '무소유'를 주장했기 때문입니다. 사실, 처음에는 그의 주장에 감동을 느낄 수 없었습니다. 출가한 승려에게 무소유는 당연한 삶의 방식이지만, 우리 같은 속세의 대중들에게 무소유는 불가능한 이상에 불과하기 때문입니다. 그러나 천민자본주의가 세상을 장악하고, 교회마저 돈의 권력에 휘둘리는 현실을 목도하면서, 무소유를 향한 그의 일관된 가르침과 삶에 귀 기울일 수밖에 없었습니다. 비록 현실적으로 무소유는 실천하기 어려운 가르침이지만, 적어도 신앙인들에겐 진지한 삶의 목적으로 남아 있어야 하기 때문입니다.

또한 그는 종교적 수행에 정진함과 동시에 비판적·실천적 종교인으로서 자신의 책임을 진지하게 감당했습니다. 그는 독재정권을 향해 예언자적 목소리를 높였고, 현 정권이 무리하게 4대강 개발을 추진할 때도, 자신의 비판적 입장을 감추지 않았습니다. 하지만 타락한 세상 앞에서 자신의 정신도 함께 거칠어지는 모습을 자각하고, 다시 철저한 수행의 길을 떠나기도 했습니다. 그는 산중에서 고독한 수행을 계속하면서도, 세상의 불쌍한 대중들을 향해 마음을 열었고, 타락한 권력을 향해 저항의 붓을 멈추지 않았습니다. 그렇게 그는 거룩한 종교인으로, 그리고 냉철한 지성인으로 자신의 책임을 다한 것입니다.

많은 사람들이 그의 죽음을 안타까워합니다. 큰 어른이 떠났다고 슬퍼합니다. 그의 다비식에 수 만 명의 추모 인파가 운집했습니다. 그의 책들이 날개도친 듯 팔리고 있습니다. 이런 현상은 법정에 대한 세상의 정직한 평가입니다. 그는 불교계의 고위직에 오른 적이 없습니다. 돈으로 세상을 호령한 적도, 사람을 향해 권력을 휘두른 적도 없습니다. 그러나 한 권의 책으로 수 많은 사람들의 양심을 깨우고, 정신을 맑게 하며, 영혼을 울렸습니다. 한 명의 위대한 정신이 세상에 얼마나 큰 영향을 끼치는지 그의 작은 삶이 크고 분명하게 보여주었습니다. 법정의 죽임이, 우리에게 자신을 진지하게 반추하는 기회가 되길 바랍니다.

진정한 정치, 진정한 리더

세계가 정치적 홍역을 앓고 있습니다. 사람 사는 세상이 왜 이렇게 혼탁한지 모르겠습니다. 태국에서 국왕파와 옛 총리파가 유혈충돌을 벌이고 있습니다. 네팔에서도 정치적 갈등으로 국가전체가 위기에 처했습니다. 영국에서는 선거를 통해 정권이 노동당에서 보수당으로 넘어갔고, 새 총리가 임명되었습니다. 필리핀에서는 전직 대통령의 아들이 대통령에 당선되었다는 소식이 들려옵니다. 우리나라도 다음달 치러질 지방선거로 전국이 뜨겁게 달아오르고 있습니다. 모두가 더 좋은 세상을 만들기 위한 몸부림이겠지요. 하지만 화려한 명분과 치열한 몸짓에도 불구하고, 이 모습들이 별로 감동스럽지 않습니다. 감동의 탄성 대신 허망한 한숨이 새어 나오는 것은 왜일까요?

이번 주에 읽은 신영복 선생의 글 중에 바다는 세상의 모든 물을 "받아"들인다는 뜻이라고 했습니다. 바다는 세상에서 가장 큰 물이지만, 동시에 가장 낮은 곳에 위치한 물이라고 했습니다. 사다리의 가장 높은 곳에서 벽화를 그리는 사람은 자신이 그린 그림이 똑바른지 알 수 없지만, 가장 아래에 서 있는 사람은 그 그림을 정확히 볼 수 있다고 했습니다. 뿐만 아니라, 나무의 진정한 가치는 산꼭대기에 홀로 서 있을 때가 아니라, 다른 나무와 더불어 숲을 이룰 때라고 했습니다. 이 짧은 글들 속에 정치의 진정한 의미, 지도자의 참 모습이 담겨 있는 것 같습니다.

예수님은 하늘의 주인이었지만, 육신을 입고 사람들 틈에 거했습니다. 예수님은 만유의 주였지만, 항상 하늘의 뜻을 살폈습니다. 예수님은 탁월한 스승이었지만, 기꺼이 제자들의 발을 씻었습니다. 예수님은 모든 일을 혼자서 완벽히 처리할 수 있었지만, 끊임없이 제자들에게 기회를 주었습니다. 예수님은 제자들이 돌아섰지만, 끝까지 그들을 포기하지 않았습니다. 예수님은 세상의 악행에 보복할 수 있었지만, 철저하게 용서했습니다. 예수님은 죽을 수 없는 신이었지만, 세상을 위해 참혹한 죽음을 견뎠습니다. 예수님은 항상 피곤했지만, 사람들의 고통에 눈을 감은 적이 없습니다. 그분은 그렇게 자신의 역할을 말 대신 몸으로 실천했습니다.

호화로운 궁궐에서 산해진미로 배를 채우는 국왕이 가난한 백성들의 탄식을 들을 수 있다면, 절대권력을 가진 독재자가 하늘의 뜻을 겸허히 물을 용기가 있다면, 정권을 장악한 집단이 소외된 그룹에게 공존의 기회를 허락할 수 있다면, 역전에 성공한 무리들이 보복의 칼날 대신 화해의 손길을 내밀 수 있다면, 경쟁에서 승리한 자들이 승자의 깃발 대신 고난의 십자가를 질 수 있다면, 권력의 정상에 오른 자들이 세상의 고통에 가슴으로 반응할 수 있다면, 이 세상은 정말 달라질 것입니다. 정치에 대한 환멸과 정치가들에 대한 욕설 대신, 존경과 감탄의 탄성이, 환희와 감사의 찬미가 세상을 채울 것입니다. 진정한 리더를 향해 "호산나"를 외치던 그 날의 감동이 재현될 수 있을 것입니다. 그래서 정치가들에게도 예수님은 필요합니다. 꼭.

지방선거를 마친 후

지난주에 지방선거가 있었습니다. 이번 선거처럼 선거열기가 뜨거웠던 경우도 없었던 것 같습니다. 집권여당은 여당대로, 야당들은 그들 나름대로 이번 선거에 사활을 걸었습니다. '보수' 대 '진보', 혹은 '북풍' 대 '노풍'으로 표현된 이번 선거는 선거전부터 심상치 않았습니다. 그 결과, 국내정세도 무척 불안했고, 국제적으로도 이번 선거에 대한 관심이 높았습니다. 대부분의 사람들은 여당이 압승을 거둘 것이며, 그들의 권력구도는 더욱 탄탄해질 것이라고 예상했습니다. 하지만 투표결과는 모두의 예상을 뒤엎는 것이었습니다. 야당후보들이 대거 당선되면서, 정국이 보수여당과 진보야당 간의 더욱 치열한 대결구도로 치닫게 되었습니다. 정부가 강력히 추진하던 세종시 문제와 4대강 개발에 중대한 수정이 불가피해졌습니다.

선거가 끝나니, 저의 핸드폰에 후보들의 메시지가 쇄도했습니다. 당선된 사람들은 당선인사를, 낙선한 사람들도 후원에 대한 감사문자를 보낸 것입니다. 거리마다 또 다른 종류의 현수막이 가득 걸렸습니다. 당선자들과 낙선자들의 인사 현수막이 걸린 것입니다. 당선자들의 현수막에는 승자의 감격과 자부심이 듬뿍 담겨 있더군요. 하지만 낙선자들의 현수막엔 패배자의 상처와 아쉬움이 절절히 묻어났습니다. 모두 최선을 다했을 텐데 누구는 승자의 탄성을, 누구는 패자의 탄식을 토해낼 수밖에 없는 현실이 몹시 안타깝습니다. 나름대로 꿈을 가졌고, 이길 수 있다는 자신감도, "꼭 내가 당선되어야 한다!"는 명분도 있었을 것입니다. 하지만 승부의 세계는 냉혹했습니다. 그 많은 수고와 땀에도 불구하고, 많은 후보들 중 단 한 사람에게만 승리의 영광이 돌아갔기 때문입니다. 고배를 마신 후보들에게도 현실은 냉혹했지만, 그들에게 패배의 잔을 돌릴 수밖에 없었던 유권자들에게도 이 현실은 고통이었습니다.

마치 전쟁을 방불케 한 이번 선거를 지켜보면서, 한 명의 시민이자 그리스도인으로서 여러 가지 생각이 듭니다. 무엇보다, 이번 선거를 통해 우리나라의 정치가 한층 성숙하길 소망합니다. 한쪽으로 권력이 과도하게 편중되는 대신, 적절한 균형과 긴장 속에 부디 정파의 이익이 아닌, 국민 모두의 복지를 위한 진실하고 성실한 정치가 이루어지길 기대하는 것입니다. 또한, 선거에 승리한 사람과 패배한 사람 모두가 상생하는 세상이 되길 기원합니다. 승리한 자는 오만의 유혹을 극복하고, 더욱 겸손하고 성실하게 주어진 책임을 수행해야 할 것입니다. 반면, 패배한 자는 좌절의 늪에 빠지지 않고, 더욱 분발하여 다음 선거를 준비해야 할 것입니다. 끝으로, 이 땅의 모든 그리스도인들은 그 어느 때보다 더욱 간절하고 진실하게 이 나라와 민족을 위해 기도하길 바랍니다. 전쟁위협, 지역갈등, 경제불안 등 산적한 문제 앞에서 우리는 손을 높이 들고 눈물로 기도해야 합니다. 부디, 이번 선거 후에 우리 모두가 한층 더 성숙한 민주시민이 되길 기원합니다.

월드컵과 제자도

남아공 월드컵의 막이 올랐습

니다. 전세계의 이목이 남아공에 집중되고, 이제 축구공의 움직임에 세계의 희비가 엇갈리게 되었습니다. 텔레비전 광고마다 빨간 티셔츠를 입은 연예인들이 응원의 메시지를 보내고, 거리마다 한국팀의 16강을 염원하는 마음이 다양한 모습으로 표현되고 있습니다. 길을 가다 보니, 어느 아구집에서는 한국이 경기에서 승리하는 날마다 술값을 받지 않겠다는 광고를 큼지막하게 써 붙였더군요. 이미 붉은 악마는 남아공에 도착해서 대대적인 응원을 준비하고, 전국의 광장마다 거리응원을 위한 준비가 분주하게 진행되고 있습니다.

교회라고 이 열기에서 예외일 수 없습니다. 아침에 국민일보를 보니, 대표팀 감독인 허정무씨의 아내와 안정환 선수의 아내에 관한 기사가 실렸더군요. 두 사람 모두 독실한 신자들로서, 남편들을 포함한 한국팀의 승리를 위해 벌써부터 새벽기도에 출석하며 간절히 기도하고 있다는 것입니다. 아는 분의 교회에선 토요일 한국팀의 경기시간이 청년부 예배시간과 겹치자, 청년들이 몇 주전부터 목사님께 설교를 짧게 끝내달라고 강력하게 부탁(?) 했다고 합니다. 다음 주 저희 학교 교수퇴수회 일정이 한국팀과 아르헨티나 경기와 중복되자, 퇴수회 일정 자체를 조절해야 한다고 교수들이 한 목소리로 요구했습니다. 정말, 난리들입니다.

사실, 이렇게 모두의 관심이 월드컵에 집중될 때, 또 이번 대회에 출전하는 대표팀 선수들 한 사람 한 사람에게 시선이 집중될 때, 저의 가슴에 계속 남는 것은 마지막 순간에 대표팀 명단에서 탈락한 선수들의 모습입니다. 남아공에 입성하기 직전까지 해외에서 전지훈련 겸 평가전을 치를 때까지 함께 했으나, 최종명단에서 몇 명을 탈락시켜야 할 때, 불가피하게 떨어진 선수들이 있습니다. 다른 동료들은 당당히 스포트라

이트를 받으며 남아공으로 떠났지만, 그들은 쓸쓸하게 국내로 돌아와야 했습니다. 본선무대를 위해 마지막까지 함께 고생했지만, 목전에서 꿈이 좌절되었을 때, 이 젊은 선수들의 마음에 얼마나 큰 상처가 남았을까요?

세상의 모든 이목이 본선무대에 선 23명의 선수들에게 집중될 때, 우리 그리스도인들은 이 영광의 무대에 함께 하지 못한 탈락자들에게도 따뜻한 관심을 둘 수 있어야 합니다. 물론, 승자들에게 마땅한 찬사와 축하를 보내야 하지만, 동시에 패자들에게도 마땅한 위로와 격려를 아끼지 말아야 합니다. 그래서 한번의 패배와 실패가 영원한 낙인이 아닌, 새로운 도전과 성장의 동력이 되도록 해야 할 것입니다. 자신을 세 번이나 공개적으로 부인함으로써 씻을 수 없는 오점을 남긴 베드로를 찾아와, 다시 한번 자신의 양들을 맡기신 예수님의 마음을 이 시점에서 우리는 진지하게 헤아려야 할 것입니다. 이것이 승자독식의 정글법칙이 작동하는 이 세상에서, 우리가 제자로 사는 또 하나의 방법일 것입니다.

세상의 월드컵과 하늘의 월드컵

요즘은 월드컵 이야기를 빼면 대화가 안 됩니다. 한국이 천신만고 끝에 16강에 오르면서, 국민들의 기대와 흥분은 더욱 고조되었습니다. 오늘 밤 남미의 강팀 우루과이와 결전을 벌이는데, 벌써부터 전국이 축구열기로 뜨겁게 달아오르고 있습니다. 불행히도 밖에는 장마의 시작을 알리는 비가 제법 굵게 내리지만, 아마도 전국의 모든 광장은 붉은 옷을 입은 응원단들로 인산인해를 이루겠지요. 빗속에서도 태극기와 함께, "대~한민국"의 함성이 밤하늘을 울릴 것입니다. 정말, 스포츠의 위력은 대단합니다.

 월드컵 경기를 지켜보면서, 여러 생각을 하게 됩니다. 공 하나에 사람들의 얼굴 표정이 바뀌고, 온몸에 식은 땀이 흐르고, 감정은 천당과 지옥을 오갑니다. 슛이 골대를 아슬아슬하게 비껴가는 순간, 모든 사람들의 입에서 "아~" 하는 탄성이 터져나옵니다. 우리 선수가 기막힌 슛으로 골을 성공시킬 때, 어느 샌가 우리는 하나 되어 옆 사람을 끌어 안고 껑충껑충 춤을 춥니다. 누가 시킨 것도 아닙니다. 작정한 것도 아닙니다. 그러나 우리도 모르는 사이에 그렇게 되는 것입니다. 그 많은 사람을 한 마음, 한 동작으로 통일시키는 공의 위력에 순간 두려움이 엄습합니다.

 이번 월드컵을 통해 저는 우리 안에 내재된 무서운 속성을 적나라하게 확인합니다. 실수한 선수를 향해 폭력적인 분노가 폭발할 때, 저는 우리 안에서 짐승을 봅니다. 과도한 감정이입의 결과, 평상시에는 감추어졌던 폭력성이 순간적으로 폭발하는 것입니다. 저는 제 자신 안에서 이런 모습을 발견하며, 혼자 몸을 떨게 됩니다. 또 하나, 상대팀을 향해 적개심이 일방적으로 표출될 때, 저는 우리 안에서 죄의 흔적을 봅니다. 축구공이 움직이는 순간, 승리에 대한 집착과 근거 없는 애국심이 뒤섞이며 경기장은 전쟁터로 돌변합니다. "보다 나은 미래를 건설하자"는 FIFA의 정신은 더 이상 그곳에 존재하지 않습니다. 다만 승리를 위한, 무서운 경쟁의식과 승리에 대한 맹목적 집착이 있을 뿐입니다. 평화의

에덴이 아닌, 야생의 정글입니다.

월드컵에 열광하는 사람들, 승리에 목마른 사람들, 이것을 이용해 치부하는 사람들, 그들에게 천국은 너무 재미 없는 곳일지 모르겠습니다. 천국에는 붉은 옷을 입고 목이 쉬도록 "대~한민국"을 부를 기회가 없을 것이고, 실수한 사람을 향해 욕설을 퍼붓고, 골을 넣은 사람을 영웅으로 숭배할 기회도 없을 것이기 때문입니다. 분명, 천국에서 벌어지는 월드컵은 매우 다를 것입니다. 거기에선 실수한 사람들이 더 큰 박수를 받고, 상대팀을 위해서도 "파이팅"을 힘껏 외치고, 승패와 상관 없이 경기를 즐기고, 전쟁터가 아닌 축제의 한마당이 될 것입니다. 그래서 경기에 참여한 모든 선수가 영웅이요, 경기를 구경한 모든 관객들이 행복한, 그런 월드컵이 될 것입니다. 이번 월드컵의 남은 경기 속에서 그런 모습을 잠시라도 볼 수 있었으면 좋겠습니다. 적어도 우리 팀의 경기만이라도.

참회와 용서가 세상을 구합니다

한 주간 일본에서 열린 한일역사공동학회에 참석하고 돌아왔습니다. 한국과 일본에서 성결교회 역사를 연구하는 학자들이 일 년에 한 번씩 한국과 일본을 오가며 공동발표회를 3년째 계속 해오고 있습니다. 이번에는 일본의 휴양도시 니코에서

20여명의 학자들이 모여, 매우 의미 있는 논문들을 발표하고 깊이 있는 토론을 진행했습니다. 한 주간 교회를 비우는 부담이 컸지만, 동시에 뜻을 같이 하는 학자들과 진지한 학문적 대화를 나눌 수 있어서 행복했습니다. 한 주간 동안 서로 정이 깊이 들어, 공항에서 헤어지는 것이 못내 아쉬웠습니다.

하지만 이번 여행에서 제게 가장 큰 감동을 준 것은, 학회기간 동안 발표된 논문들이 아닌, 차 안에서 들었던 한 이야기였습니다. 저의 친구 목사 한 분이 유학 동안 미국에서 열린 한 학술대회에 참석했답니다. 그 대회에는 평화를 주제로 한국, 일본, 중국 그리고 미국의 학자들이 모였고요. 대회가 진행되면서, 일본이 제2차대전 때 아시아에서 저지른 만행을 성토하는 목소리가 커졌습니다. 그때 한 젊은 일본 학자가 앞으로 나와 무릎을 꿇고, 자신의 조상들이 저지른 잘못을 용서해 달라며 통곡을 했습니다. 순간, 장내는 숙연해 졌고, 참석한 모든 사람들이 함께 눈물을 흘렸습니다. 성토와 비판의 지옥이 순식간에 화해와 용서의 천국으로 돌변한 것입니다. 그런데, 이번 대회에 참석한 일본 목사님들 중 한 분이 바로 그때 그 사람이었던 것입니다. 세상이 좁기도 했지만, 예기치 못했던 만남으로 그 날의 감동이 재현되어, 우리 모두가 큰 감동을 받았습니다.

저는 그 이야기를 들으면서, 참회와 용서의 힘에 대해 생각하게 되었습니다. 물론, 사람은 죄인입니다. 죄를 지을 수밖에 없는 존재란 뜻입니다. 그래서 우리의 삶은 온갖 종류의 실패와 잘못으로 가득합니다. 어쩔 수 없는 우리의 실존입니다. 그러나 문제는 우리가 실수할 수밖에 없는 암울한 현실이 아니라, 우리가 잘못을 정직하고 용감하게 인정하지 않는 오만한 고집입니다. 참회자의 눈물을 무시하는 냉정한 분노입니다. 어쩌다가 큰 잘못을 저질렀다고 해도, 진심으로 용서를 구한다면, 이 세상은 지옥의 문턱에서 얼마든지 구원될 수 있습니다. 그렇게 눈물로 참회하는 사람을 진심으로 용서할 때, 세상은 파멸의 위기에서 부활의 기회를 얻게 됩니다. 하지만 끝까지 잘못을 회개하지 않는다면, 끝까지 용서를 거부한다면, 세상은 이미 지옥입니다.

가끔 상상해 봅니다. "하나님이 우리 죄를 사랑이 아닌, 법대로 처리했다면 어떻게 되었을까?" 하고 말입니다. 주님은 자신을 세 번이나 부인했던 베드로를 용서하셨습니다. 한편, 자신을 실망시켰던 마가를 용서하지 못했던 바울 때문에, 바울과 바나바의 오랜 우정은 깨지고 말았습니다. 기억합시다. 우리의 정직하고 용감한 참회, 그리고 공감과 용기에 바탕한 용서가 세상을 구한다는 사실을. 우리 주님처럼 말입니다.

한번 도전해 봅시다

한 주간 내내 마틴 루터 킹 목사에 대한 책에 빠져 지냈습니다. 다음달에 열릴 학회에서 발표할 논문 주제로 킹 목사를 선택했기 때문입니다. 개인적으로 킹 목사에 대해 깊은 관심을 갖고 있었고, 언젠가 그에 대한 심도 있는 연구를 수행할 꿈을 갖고 있었는데, 이번에 도전하기로 결정한 것입니다. 대신 시간이 너무 부족해서 원하던 만큼 자료를 충분히 읽고 고민할 수 없어, 아쉽습니다. 하지만 앞으로 그에 대한 연구를 계속 진행할 계획이므로, 이번에는 적절한 수준에서 논문을 마무리 해야 할 것 같습니다.

마틴 루터 킹 목사는 1950년대부터 60년대까지 미국 흑인들을 위한 민권운동을 이끌었던 침례교 목사였습니다. 그는 교묘하고 구조적인 인종차별정책 하에 비인간적 삶을 살던 흑인들이 미국사회에서 인간적 대접을 받도록 정부를 움직이고 국민들의 생각을 일깨웠던 위대한 지도자였습니다. 특히, 그는 백인들의 뿌리 깊은 편견과 광포한 폭력 앞에서, 마지막까지 비폭력적인 방법으로 시위를 이끎으로써, 사랑에 근거한 투쟁이 폭력에 근거한 저항에 승리할 수 있으며, 선한 의지에 근거한 투쟁이 불가능해 보이는 정의를 쟁취할 수 있음도 역사적으로 증명해 보였습니다.

저는 그의 생애와 사상을 검토하면서, 수없이 감동하며 도전을 받았습니다. 자신이 적의 칼에 상해를 입고, 집에 폭탄이 투하되고, 평화적 시위대에 무자비한 폭행이 자행되고, 결국 자신이 폭도의 손에 암살당했지만, 그는 마지막까지 사랑에 근거한 비폭력적 저항을 통해 미국에서 인종차별이 종식되고, 흑인과 백인이 더불어 살아가는 '사랑의 공동체'에 대한 꿈을 포기하지 않았습니다. 그는 자신의 운동이 성경의 가르침에 근거하며, 인류의 영혼 속에 선한 의지가 존재하고, 궁극적으로 진리가 승리할 것이며, 하나님께서 그의 운동을 축복하실 것이라고 끝까지 확신했습니다. 저는 그의 흔들림 없는 믿음과 용감한 행동에 무한한 감동과 도전을 받았던 것입니다.

믿음이란 무엇입니까? 신자란 어떤 사람입니까? 믿음이란 하나님의 살아계심을 믿는 것 아닐까요? 동일하게, 신자란 하나님의 존재를 믿는 사람이 아닐까요? 보다 구체적으로, 하나님이 늙고 병약한 노인이 아니라, 무능하고 무책임한 존재가 아니라, 이 땅의 사람들을 구원하며, 이 땅에 당신의 뜻을 구현하고, 종국적으로 이 땅에 당신의 나라를 세우는 분임을 확신하고, 그 확신에 근거해서 담대히 행동하는 사람이 아닐까요? 개인의 질병, 사업, 인간관계뿐만 아니라, 사회와 인류의 다양한 문제와 영역에 이르기까지, 하나님께서 신실하게 통치하신다고 믿는 사람이 아닐까요? 비록 킹 목사처럼 거대한 업적을 성취할 순 없을지라도, 각자의 삶의 영역에서 소박하지만 하나님을 믿고 도전한다면, 우리 각자는 또 다른 킹이 되어 다른 이들에게 무한한 감동과 도전을 주지 않을까요? 정말, 신자의 삶을 살 수 있지 않을까요? 나와 세상은 그렇게 변하는 것입니다. 한번 도전해 봅시다.